Durch Adoption zum Wunschkind

Elke Pohl

Durch Adoption zum Wunschkind

Wege, Chancen, Risiken

Bei Urania bereits erschienen:

Joachim Armbrust
Kinder bewältigen ihre Angst
So können Eltern helfen
ISBN 978-3-7831-6082-6

Andrea Christiansen
Mut und Stärke durch Fantasiereisen
Mit dem Zauberbären mehr Selbstvertrauen für Kinder
ISBN 978-3-7831-6136-6

Gerda Pighin
Kreative Förderspiele im Alltag für Kinder von 0-6 Jahren
ISBN 978-3-332-01859-2

Die Autorin:

Elke Pohl ist freie Journalistin. Ihre Schwerpunktthemen sind Beruf und Karriere, Verbraucherrecht und Finanzdienstleistungen. Sie hat bereits über 30 Ratgeber geschrieben und arbeitet regelmäßig an Hochschulmagazinen, Fachzeitschriften und Internetportalen mit.

Alle in diesem Buch veröffentlichten Abbildungen sind urheberrechtlich geschützt und dürfen nur mit ausdrücklicher schriftlicher Genehmigung des Verlages und des Urhebers/der Urheberin gewerblich genutzt werden.

Die im Buch veröffentlichten Ratschläge wurden von der Verfasserin sorgfältig erarbeitet und geprüft. Eine Garantie kann dennoch nicht übernommen werden, ebenso ist eine Haftung der Verfasserin bzw. des Verlages und seiner Beauftragten für Personen-, Sach- und Vermögensschäden ausgeschlossen.

Bibliografische Information der Deutschen Bibliothek
Die Deutsche Bibliothek verzeichnet diese Publikation
in der Deutschen Nationalbibliografie; detaillierte bibliografische Daten sind im Internet über http://dnb.ddb.de abrufbar.

© der Erstausgabe 2004 Urania Verlag
© der aktualisierten Ausgabe 2009 Urania Verlag
in der Verlag Kreuz GmbH
Postfach 80 06 69, 70506 Stuttgart

www.urania-verlag.de

Alle Rechte vorbehalten.

Umschlaggestaltung: Behrend & Buchholz, Hamburg
Titelfoto: © mauritius images / Banana Stock
Redaktion der Erstausgabe: Jeanette Stark-Städele
Redaktion der aktualisierten Ausgabe: Daniela Scheiffele, Dr. Ulrike Voigt
Satz: Arnold & Domnick, Leipzig
Druck: Westermann Druck, Zwickau
Printed in Germany

ISBN 978-3-7831-6154-0

Inhalt

Vorwort 11

Kinder suchen Eltern 13

Adoption heute 14
    Adoptierte Kinder 15
    Aus der Statistik: die Zahl der Adoptionen 16

Was sind das für Kinder, die Eltern suchen? 17
    Kinder mit »Vorgeschichte« 18
    Geschwisterkinder und Kinder aus Suchtfamilien 20
    Eine ganz besondere Aufgabe: ein behindertes Kind 21
    Ausländische Kinder 21

Pro und contra Adoption 22
    Das Problem der Identität 23
    Das Kind annehmen mit all seinen Eigenheiten 24

Kinderrecht geht vor Elternrecht 25

Die Alternative zur Adoption: das Pflegekind 26
    Gäste auf Zeit 27
    Adoptionen in Österreich/Schweiz 28

Warum wollen wir ein Kind adoptieren? 29

Gründe für die Adoption eines Kindes 30
    Kinderlosigkeit 30
    Verlust eines leiblichen Kindes 31

Ein Geschwisterkind wird gesucht 32
　　　Ein Kind als Beziehungsretter 33
　　　Kein Partner in Sicht 33
Verwandte als Adoptiveltern 35
　　　Keineswegs problemlos … 36
Wenn Stiefeltern adoptieren wollen 36
　　　Ein schwerwiegender Schritt 38
Checkliste: Warum wollen wir ein Kind adoptieren? 39

Überlegungen vor einer Adoption 41

Eine Entscheidung mit Konsequenzen 42
　　　Fühlen wir uns geeignet und in der Lage, ein Kind
　　　großzuziehen? 42
　　　Sind wir uns einig in dem Entschluss zur Adoption? 43
　　　Was werden eigene Kinder zu einem Adoptivkind
　　　sagen? 44
　　　Und wenn doch noch ein eigenes Kind geboren wird? . . . 44
　　　Warum überhaupt ein Kind oder: Ist ein Leben ohne
　　　Kind denkbar? 45
　　　Ist uns klar, dass eine Adoption für immer ist? 46
　　　Können wir mit dem Gedanken leben, dass ein
　　　größeres Adoptivkind in der Regel bereits seelische
　　　Verletzungen erlitten hat? 47
　　　Haben wir genaue Vorstellungen von unserem
　　　Adoptivkind? 48
　　　Kommt für uns eine Auslandsadoption infrage? 49
　　　Können wir ertragen, dass das Kind immer Kind der leib-
　　　lichen Eltern bleibt? 51

Können wir Dankbarkeit von einem Adoptivkind
erwarten, weil wir es »gerettet« haben? 52

Checkliste: Das sollte uns vor einer Adoption klar sein 54

Freigabe zur Adoption **55**

Adoption – der letzte Ausweg? 56
    Die Entscheidung zur Adoptionsfreigabe 57
    Die Rolle der Väter bei der Adoptionsfreigabe 58

Die anonyme Geburt 59
    Eine fragwürdige Alternative? 60

Können die leiblichen Eltern mit ihrem Kind in Kontakt
bleiben? 61

Der Ablauf eines Adoptionsverfahrens **63**

Es braucht oftmals Geduld 64

Erste Voraussetzung: Das Kind ist zur Adoption
freigegeben 64
    Eine wohlüberlegte Entscheidung 66

Wenn die Einwilligung gerichtlich ersetzt wird 66

Die Adoptionspflegezeit 68

Die rechtlichen Möglichkeiten der Adoption 69

Die Vermittlungsstelle 70
    Die Beratung durch die Vermittlungsstelle 72

Die ersten Schritte zu einer Adoption 73
    Der Ablauf des Eignungsverfahrens 74

Intensive Gespräche erleichtern die Entscheidungs-
findung 76
Die Anbahnungsphase 80
   Noch ist die Adoption nicht sicher 80
   Die Integration älterer Kinder 81
   Wenn die Chemie nicht stimmt 81
   Die Kontaktaufnahme 82
Checkliste: Vorbereitung einer Adoption 83

Verschiedene Möglichkeiten der Adoption 85

Formen der Adoption 86
   Inkognito-Adoption 86
   Halboffene Adoption 87
   Offene Adoption 87
   Was sind Privatadoptionen? 89
Adoption durch gleichgeschlechtliche Paare 90
   Die Alternative: eine Pflegschaft für ein Kind 92

Besonderheiten von Auslandsadoptionen 93

Ein Vermittler berichtet 94
Wer Sie bei einer Auslandsadoption berät 99
Der Ablauf einer legalen Auslandsadoption 100
   Wer internationale Adoptionen vermitteln darf 101
   Die Eignung der Bewerber 101
   Die Aufnahme des Kindes 102
   Mögliche Hindernisse 102
   Die Kosten 103

Das hässliche Geschäft mit dem Kinderwunsch:
Menschenhandel 104
    Kriminelle Praktiken bei illegalen Auslands-
    adoptionen 105

Wann eine Adoption nicht möglich ist 107

Wenn Adoptionen unmöglich sind 108
    Wenn Eltern nicht geeignet sind 108
    Eltern oder Kind geben keine Einwilligung 109
    Die leiblichen Eltern machen Einschränkungen 110
    Das Alter der Adoptiveltern 110

Das Kind ist da! 111

Adoptionspflege: die Zeit »dazwischen« 112
    Adoptionspflege ist keine »Probezeit«! 112

Das Adoptionsdekret 113

Finanzielle Hilfen 114
    Das Elterngeld 115

Hilfen annehmen und einfordern 115

Die Eingewöhnungsphasen des Kindes 116
    Typische Eingewöhnungsphasen 117

Wie sag ich's meinem Kind? 119

Adoption – Teil der Lernwelt des Kindes 120
    Ein Prozess des Begreifens 121

Wie Sie mit Ihrem Kind über die Adoption sprechen
können 122
    Gesprächsanlässe finden 122

Die Frage nach den Herkunftseltern 123
    Wie Sie über die Herkunftseltern sprechen 123

Wenn die Aufklärung versäumt wurde 124

Kinderbücher-Auswahl zum Thema 125

Die Suche nach der Herkunft 127

Wer bin ich? 128
    Zwei Welten, eine Identität 128
    Antworten statt Fantasien 129

Wer sind meine Eltern? 130

Kinder aus anderen Kulturen 131

Angelas Geschichte 132

Anhang 137

Hinweise zu Gesetzestexten 138
    Interessante Urteile 138

Hilfreiche Adressen 141

Vorwort

Liebe Leserin, lieber Leser,

Sie überlegen, ein Kind zu adoptieren bzw. haben diesen Entschluss schon gefasst, und wollen sich nun ausführlicher darüber informieren. Dieser Ratgeber will Ihnen dabei helfen und Sie unterstützen, denn das Adoptionsverfahren verlangt manchmal sehr viel Geduld, Ausdauer und das Vermögen, Rückschläge zu verkraften. Zudem kann es eine Paarbeziehung belasten. Wir wollen Sie ermutigen, Sie aber gleichzeitig vor überzogenen Erwartungen bewahren. Hier wird erklärt, warum eine Adoption ein so langwieriger, aufwändiger und anstrengender Prozess sein kann. Und es werden wichtige Schritte und Hürden aufgezeigt, die Sie dabei zu überwinden haben.
Viele Paare in Deutschland wollen ein Kind adoptieren. Die Gründe dafür sind vielfältig. Oft klappt es mit dem eigenen Kinderwunsch nicht. Manchmal stehen auch soziale Gründe im Mittelpunkt und man will einem Kind aus benachteiligten Verhältnissen eine behütete Kindheit ermöglichen.
Die meisten adoptierwilligen Eltern wünschen sich ein Baby oder Kleinkind. Doch die Chancen, einen Säugling adoptieren zu können, sind nicht groß. Wären die Eltern bereit, auch ein größeres Kind anzunehmen? Sind sie sich bewusst, welche Fragen und Probleme das Leben mit einem Adoptivkind mit sich bringen kann? Information und ehrliches Hinterfragen der Beweggründe für eine Adoption stehen am Anfang der Entscheidungsfindung – zum Wohle des Kindes und der Adoptiveltern.
Kinder suchen Eltern – Eltern suchen Kinder: Fertig ist die Adoption? Nein, bei Adoptionen geht es um Menschen und ihre Schicksale. Um Gefühle wie Trauer, Schmerz, Wut und Angst. Um ein kompliziertes Beziehungsgeflecht, an dem oft weitaus mehr Menschen als in einer »normalen« Familie beteiligt sind.

Da ist es sehr schwierig, allen Beteiligten gerecht zu werden. Es geht um Kinder, die das Trauma des Verlassenwerdens ein Leben lang zu bewältigen haben. Es geht um Eltern, die ein Leben lang an der Schuld tragen, ihr Kind verraten und weggegeben zu haben. Und es geht um Adoptiveltern, die sich ein Leben lang bemühen, mit der besonderen Konstellation und den oft sehr großen Belastungen in ihrer Familie klarzukommen. Dieses Dreiecksverhältnis kann voller Tragik, aber auch spannend und überraschend sein. Keiner der Beteiligten sollte sich in ein vermeintliches Schicksal fügen. Denn: Das Schicksal »Adoption« ist nicht vorgezeichnet. Es kann von den Betroffenen in diese oder jene Richtung beeinflusst werden.

Solchen Überlegungen müssen sich adoptionswillige Eltern stellen. Dieses Buch gibt hier eine Hilfestellung. Es informiert darüber, welchen rechtlichen Rahmen es für Adoptionen gibt, wie das Adoptionsverfahren aussieht, wie Adoptionen zum größtmöglichen Nutzen des Kindes gestaltet werden können und welche Probleme und Risiken auftreten können. Auf diese Weise will der Ratgeber dazu ermutigen, selbstbestimmt das Heft des Handelns in die Hand zu nehmen, damit eine Adoption gelingen kann und Kinder ein Zuhause finden.

Kinder suchen Eltern...

... und finden ein liebevolles Zuhause bei Menschen, die sich sehnlich ein Kind wünschen, aber kein eigenes bekommen können. Eigentlich sollte das ganz einfach sein, doch leider sieht die Realität anders aus. Die meisten adoptionswilligen Paare wünschen sich einen Säugling – Babys werden jedoch nur selten vermittelt. Ältere Kinder aber haben in der Regel schon eine schmerzliche Vorgeschichte hinter sich und sind keine »problemlosen« Wunschkinder. Eltern und Kind müssen oft hart miteinander ringen, bis sie schließlich zueinanderfinden. Das erfordert von den Adoptiveltern eine starke Persönlichkeit, oft übermenschliche Geduld und tiefe Liebe – Eigenschaften, die sie in einem langwierigen Eignungsverfahren unter Beweis stellen müssen.

Adoption heute

Adoptionen sind gesellschaftlich anerkannt. Wichtig ist jedoch, sich vor einer Adoption umfassend zu informieren.

Die gesellschaftlichen Veränderungen in den vergangenen Jahrzehnten brachten neue Formen des Zusammenlebens wie auch der Lebensplanung mit sich. Außer in der traditionellen Familie leben heute viele Menschen allein mit und ohne Kinder, in Partnerschaften, auch gleichgeschlechtlichen, oder Patchwork-Familien. Dabei haben auch die Themen Kinderwunsch und Kinderlosigkeit viel von ihrem gesellschaftlichen Tabu und dem Nimbus des Unvollkommenen verloren. Rund 1,4 Millionen deutsche Paare sind ungewollt kinderlos. Es gibt aber auch kinderlose Paare, die durchaus nicht unglücklich damit sind. Und: Kinderwünsche – wenn sie vorhanden sind – können auch auf anderem Weg als dem üblichen in Erfüllung gehen. So ist eine künstliche Befruchtung als Ausweg aus der Kinderlosigkeit eine allgemein akzeptierte Möglichkeit zur Erfüllung des Kinderwunsches. Weltweit sind bisher etwa drei Millionen Babys künstlich gezeugt auf die Welt gekommen.

Die traditionelle Form, ein Kind anzunehmen, wenn sich der Wunsch nach eigenem Nachwuchs nicht erfüllt, ist die Adoption. Tatsache ist jedoch, dass es viel mehr adoptionswillige Eltern gibt als Babys, die zur Adoption freigegeben werden (siehe Tabelle auf Seite 17). Aus diesem Grund versuchen nicht wenige Eltern, ein Kind aus dem Ausland zu adoptieren. Solche Auslandsadoptionen sind umstritten, da sie doch sehr viele Probleme mit sich bringen können. Berichte über Kinderhandel und unseriöse »Kinderagenturen« führen dazu, dass Adoptionen aus dem Ausland generell in einem schlechten Licht erscheinen (siehe Seite 93 ff.). Über Adoptionen wird heute offen diskutiert – und dennoch herrscht im Einzelfall oft noch viel Ratlosigkeit. Welche Formen der Adoption gibt es? Welche Kriterien müssen die adoptierwilligen Eltern erfüllen? Mit welchen Problemen muss man rechnen? An welche Organisationen kann man sich wenden? Hilfreich ist in jedem Fall, sich möglichst frühzeitig um Kontakt zu anderen Adoptiveltern zu bemühen und ihre Erfahrungsberichte zu hören. Kontaktbörsen auf Internetseiten und Selbsthilfegruppen (Adressen finden Sie im Anhang, Seite 141 ff.) bieten dafür gute Möglichkeiten.

> **Ein Blick in die Geschichte**
>
> Die Annahme fremder Kinder ist durchaus kein Phänomen der Neuzeit. Zu allen Zeiten und in verschiedenen Kulturen trifft man auf Erscheinungsformen der Adoption. In der Sagenwelt werden meist Kinder vornehmer Herkunft ausgesetzt, gefunden und von fremden Menschen aufgezogen, wie zum Beispiel Ödipus. Im babylonischen Reich, bei den Ägyptern wie bei den Römern wurden Kinder adoptiert. Allerdings stand bis in die jüngste Vergangenheit nicht das Wohl des Kindes, sondern der Kinderwunsch der Erwachsenen im Mittelpunkt von Adoptionen. Nach dem römischen Recht blieb das Adoptivkind erbrechtlich Mitglied seiner Herkunftsfamilie und besaß auch gegenüber seiner Adoptivfamilie Ansprüche. Diese Regelungen finden sich – bedingt durch den Einfluss des römischen Rechtes – in der deutschen Adoptionsgesetzgebung bis in die Neuzeit hinein. Erst 1977, im Zuge der Gesetzesreform, wurden das Kindeswohl und die vollständige Integration in die Adoptionsfamilie festgeschrieben.

Adoptierte Kinder

Studien belegen, dass sich adoptierte Kinder psychisch stärker belastet fühlen als andere Kinder. Bedeutsam ist dabei vor allem die Tatsache, dass sie erst relativ spät von ihrer Herkunft erfahren und ihre leiblichen Eltern nicht kennen.

Diese Probleme dürfen nicht unterschätzt werden und rücken die Tatsache ins Blicklicht, dass nicht für jedes Kind eine Adoption die ideale Lösung ist. Ob und inwieweit Adoptionen auch Risiken für die Kinder mit sich bringen, darüber wird im Verlauf des Buches noch öfter gesprochen.
Letztlich ist das Thema Adoption ein kontroverses Thema. Wie sich Eltern entscheiden, hängt von sehr vielen Faktoren ab. In diesem Buch sollen einige davon beleuchtet werden.

Aus der Statistik: die Zahl der Adoptionen

Es gibt viel mehr adoptionswillige Paare als Kinder, die zur Adoption freigegeben werden.

Die Zahl der Adoptionen in Deutschland war über viele Jahre hinweg rückläufig, hat aber in den letzten Jahren wieder zugenommen. Zwischen 1993 und 2005 hatte sich die Zahl der Adoptionen um 45 Prozent verringert, wie das Statistische Bundesamt vermeldet. Der Grund: Es wurden immer weniger Kinder zur Adoption freigegeben. Dieser Trend scheint sich umzukehren: 2006 war ein deutlicher Anstieg bei der Zahl der zur Adoption vorgemerkten Kinder und Jugendlichen festzustellen. Am Jahresende 2006 waren 889 Kinder und Jugendliche für eine Adoption vorgemerkt, 15 Prozent mehr als im Jahr 2005. Zugleich nimmt die Zahl der adoptionswilligen Paare leicht ab. Das Verhältnis von adoptionswilligen Paaren zu den Kindern, die für eine Vermittlung vorgemerkt waren (außer Verwandtschaftsadoptionen), stellte sich in verschiedenen Jahren folgendermaßen dar:

Jahr	Anzahl der Kinder	Anzahl der Paare	Verhältnis
1995	1.331	19.426	1:15
1999	1.077	14.524	1:13
2000	942	13.138	1:14
2001	925	12.837	1:14
2003	801	10.476	1:13
2005	771	9.324	1:12
2006	1.947	9.154	1:10

(Quelle: destatis)

Ein Blick auf die aktuellsten Statistiken – aus dem Jahr 2006 – ergibt zudem folgende Details:

- insgesamt wurden 2006 4.748 Kinder und Jugendliche unter 18 Jahren adoptiert (2005: 4.762);
- rund 59 Prozent davon wurden von einem Stiefelelternteil oder von Verwandten als Kind angenommen;
- 40 Prozent waren jünger als sechs Jahre, 30 Prozent waren zwischen sechs und elf Jahre alt und 30 Prozent zwischen zwölf und 18 Jahren;
- 29 Prozent (1.388) der adoptierten Kinder und Jugendlichen besaßen keine deutsche Staatsangehörigkeit.

Was sind das für Kinder, die Eltern suchen?

Adoptionsbewerber wünschen sich in der Regel einen Säugling oder ein Kleinkind unter einem Jahr. Die Beweggründe sind durchaus verständlich: Säuglinge und Kleinkinder binden sich vorbehaltlos an ihre neuen Eltern, sie fühlen sich vollkommen als »eigene« Kinder. Die Zeit, bis sie in die schwierigen Jahre der

Pubertät gelangen, ist relativ lang, sodass ein enges Vertrauensverhältnis zwischen Eltern und Kind aufgebaut werden kann. Seelische Vorschädigungen sind weniger groß als bei älteren Kindern.

Aber abgesehen davon, dass auch kleine Kinder bereits großen Trennungsschmerz erlitten haben können und ebenso wie größere in einer besonders schwierigen Situation leben: Auf ein Baby, das adoptiert werden kann, kommen in Deutschland rund 30 Elternpaare! Stattdessen werden Eltern für ältere Kinder gesucht, für behinderte Kinder und für Kinder ausländischer Herkunft und anderer Hautfarbe.

> *Wichtig:* Die Adoption eines solchen Kindes darf nie als Ersatz für das Baby angesehen werden, das man nicht adoptieren konnte. Nur wenn Sie sich vollkommen unvoreingenommen und vorbehaltlos für dieses Kind entscheiden, geben Sie ihm die Bedingungen, die es für seine positive Entwicklung braucht. Wer unbedingt ein Baby adoptieren möchte, sollte sich besser auf eine längere Wartezeit einrichten, statt auf einen »Ersatz« umzuschwenken.

Kinder mit »Vorgeschichte«

Ältere Adoptivkinder haben oft große Schwierigkeiten, eine enge Beziehung einzugehen.

Ältere Kinder haben mit Sicherheit eine seelische Vorschädigung, mit der sie und auch Sie als Eltern leben müssen. Diese Tatsache zu verdrängen bedeutet, auf kommende Probleme nicht vorbereitet zu sein. Enttäuschungen bleiben dann nicht aus. Kinder mit »Vorgeschichte« lassen sich nur schwer in eine Familie integrieren. Denn wer schon ein- oder sogar mehrmals verlassen wurde, hat es sehr schwer, sich auf ein weiteres Vertrauensverhältnis einzulassen. Zu groß ist die Angst vor erneuter Enttäuschung.

Es ist also durchaus möglich, dass diese Kinder immer, zumindest lange Zeit, auf Distanz bleiben. Das bedeutet nicht, dass sie ihre Adoptiveltern nicht lieben oder sich dies nicht zumindest sehnlich wünschen. Es ist ihnen nur nicht ohne weiteres möglich, sie als Bezugspersonen neu zu akzeptieren. Verletzte Eitelkeit der Eltern wäre hier die falsche Reaktion: Das Kind verhält sich nicht aus Boshaftigkeit so und es ist auch nicht undankbar. Es ist verletzt und braucht viele Jahre, um sich erneut einer Familie anzuschließen. Kinder, die bereits lange in ihrer Herkunftsfamilie gelebt haben, müssen mit schweren Identifikationsproblemen kämpfen, wenn sie in eine Adoptivfamilie wechseln. Sie empfinden tiefen Abschiedsschmerz und müssen die Gelegenheit bekommen zu trauern. Werden sie gezwungen, in der neuen Familie sofort zur Tagesordnung überzugehen,

Adoption eines älteren Kindes

Eins steht fest: Wenn Sie ein älteres, womöglich schon gebundenes Kind annehmen, wird es kein »Wunschkind« sein. Es wird sich Ihnen mal anvertrauen und sich dann wieder zurückziehen. Es wird Kämpfe und Konflikte austragen, die vielleicht gar nicht Ihnen, sondern seinen leiblichen Eltern gelten. Es wird prüfen, ob die Familie auch dann zu ihm hält, wenn es Ärger macht – zu Hause, im Freundeskreis, in der Schule, im Sportverein. Es wird einen Grad an Unabhängigkeit einfordern, der Ihnen vielleicht gar nicht lieb ist. Es wird nicht in der Lage sein, sich so an die Familie anzupassen, wie Sie das von einem eigenen Kind erwarten würden.
Auch beste Vorsätze des Kindes ändern daran nichts. Denn dazu ist seine Persönlichkeit bereits zu sehr ausgebildet und von seinem bisherigen Lebensweg geprägt, an dem Sie keinen Anteil hatten. Ein Teil des Kindes bleibt immer ein Rätsel.

werden sie diese Phase möglicherweise nie überwinden. Diese Kinder wollen in der Regel mit ihrer Herkunftsfamilie in Kontakt bleiben. Adoptiveltern befürchten oft, dass sich durch diesen Kontakt die Eingewöhnungsphase in der neuen Familie unnötig verlängert. Das Gegenteil ist jedoch der Fall. Je deutlicher die Verbindung zu ihrer Vergangenheit sichtbar bleibt, desto leichter fällt es den Kindern, sich erneut einer vertrauten Person anzuschließen.

Geschwisterkinder und Kinder aus Suchtfamilien

Geschwister werden oftmals nur zusammen vermittelt – und haben es deshalb schwer, neue Eltern zu finden. Nicht wenige Kinder kommen aus Familien mit Alkohol- und anderen Suchtproblemen. Kinder aus diesem Milieu haben meist große Schwierigkeiten damit, ihre Wünsche und ihr Verhalten zu steuern. Die Abhängigkeit des Erwachsenen, für den sie oftmals Verantwortung übernehmen mussten, hat ihr eigenes Verhalten so stark geprägt, dass sie selbst kein Maß kennen. Es fällt ihnen schwer, Grenzen zu akzeptieren.

Geschwister haben es leichter sich zu integrieren, da sie noch einen Teil der Herkunftsfamilie bei sich haben.

> *Wichtig:* Es herrscht die irrtümliche Meinung, dass misshandelte Kinder grundsätzlich gern von ihren Eltern weg in die neue Familie gehen. Sie bleiben aber trotz alledem ihre Eltern. Um sicher zu gehen, dass ihnen in der neuen Familie nicht das Gleiche passiert, prüfen sie ihre Adoptiveltern und Geschwister bis an das Maß des Erträglichen. Sie wollen erfahren, ob sie wieder misshandelt oder trotzdem geliebt werden. Das kann eine Familie sehr stark belasten. Man muss sich unbedingt bewusst machen, aus welchem Motiv heraus diese Kraftproben initiiert werden, dann verlieren sie viel von ihrer Dramatik.

Wer ein körperlich oder sexuell misshandeltes Kind adoptiert, muss sehr stark sein, um den Hass auf die Familie nicht gegenüber dem Kind zu artikulieren. Misshandelte Kinder leiden nicht nur unter den Verletzungen, die ihnen die Eltern zugefügt haben. Sie leiden auch darunter, »schlechte« Eltern gehabt zu haben, und beziehen die Missachtung, mit der diese gestraft werden, auf sich selbst. Ihr Selbstwertgefühl ist zerstört. Trotzdem trauern sie um ihre verlorene Familie.

Eine ganz besondere Aufgabe: ein behindertes Kind

Ganz vom Wunsch nach einer normalen Familie verabschieden sich Familien, die ein behindertes Kind adoptieren wollen. Entgegen dem allgemeinen Trend nach reibungslosem Funktionieren und Kindern nach Maß entscheiden sie sich bewusst für ein Anderssein. Abgesehen davon, dass behinderte Kinder mehr Fürsorge, Schutz und Pflege brauchen und viel Kraft fordern, wird die Entscheidung auf Unverständnis der Umwelt stoßen. Erntet eine Familie, die ein behindertes Kind zur Welt bringt, noch Bedauern und Mitleid, haben Familien mit einem solchen Adoptivkind vielfach mit Ablehnung und Feindseligkeit zu kämpfen. Warum tut man sich das freiwillig an? Die Antwort darauf können Menschen geben, die mit behinderten Kindern leben und arbeiten und genau wissen: Behinderte sind vielfach glücklicher, zufriedener und freundlicher als »normale« Zeitgenossen. Wer dies begreift und akzeptiert, kann viel Liebe von einem behinderten Kind zurückbekommen.

Behinderte Kinder brauchen viel Fürsorge, schenken den Eltern jedoch auch viel Wärme und Zufriedenheit.

Ausländische Kinder

Adoptionen sind nicht einfach. Zum einen, weil es zu wenig Babys gibt, die adoptiert werden können, zum anderen, weil es viele rechtliche Auflagen zu erfüllen gibt. Manche Eltern vermuten, dass es deshalb unkomplizierter ist, ein ausländisches als ein deutsches Kind zu adoptieren. Und sie meinen, dass vor allem bei Kindern aus Entwicklungsländern schon allein deswegen eine Adoption nach Deutschland gerechtfertigt ist, weil die Kinder hier bessere Lebensbedingungen als zu Hause haben. Doch ganz so einfach ist es nicht. Seriöse Adoptionsvermittlungsstellen (Adressen finden Sie im Anhang dieses Buches, Seite 141 ff.) haben einen anderen Ansatz: Sie gehen davon aus, dass zunächst einmal alle Hilfsmöglichkeiten im eigenen Land ausgeschöpft werden müssen, und prüfen das auch eingehend. Erst wenn es im eigenen Land keine Perspektive für das Kind gibt – weil etwa keine Verwandten da sind, die für eine Adoption infrage kommen –, kann ein Kind für eine Adoption nach Deutschland oder in ein anderes europäisches Land freigegeben werden.

Bei einer Auslandsadoption ist Offenheit für die Kultur, aus der das Kind stammt, eine Grundvoraussetzung.

Auch bei ausländischen Kindern handelt es sich ähnlich wie bei uns nicht nur um gesunde Babys oder Kleinkinder unter drei Jahren, wie viele Paare hoffen. Im Gegenteil, viele ältere Kinder, Kinder mit Behinderungen und Krankheiten suchen nach neuen Eltern.

Eine Entscheidung für ein ausländisches Kind sollte sehr gut bedacht werden. Nicht nur, weil zum Beispiel dunkelhäutige Kinder oft sehr unter ihrem »Anderssein« leiden und sich nichts sehnlicher wünschen, als hellhäutig und unauffällig zu sein, sondern auch, weil man die Herkunft dieses Kindes noch weniger als bei einem anderen Adoptivkind verschweigen kann.

Pro und contra Adoption

Abgesehen davon, dass es eine Reihe rechtlicher Voraussetzungen für Adoptionen gibt – etwa, dass Eltern ihr Kind überhaupt zur Adoption freigeben –, beschäftigt jedes Paar oder jede Familie, die ein Kind adoptieren will, natürlich das Für und

Wider eines solchen Schrittes. Denn, und darüber sollten Sie sich frühzeitig klar werden: Eine Adoption ist keine »normale« Form der Familiengründung und des Familienzuwachses, sondern eine ganz besondere Lebensform.

Je deutlicher sich die ganze Familie diesen Umstand klar macht, desto besser werden die Probleme bewältigt, die sich daraus ergeben.

Tatsache ist, dass das Kind immer, auch wenn seine Bindung an Sie und Ihre Familie noch so eng ist, das Kind anderer Eltern bleiben wird. Und immer stehen die Fragen im Raum, wer wohl die Mutter und der Vater sind, wie sie aussehen, ob man ihnen gleicht und warum man von ihnen weggegeben wurde.

Zu dem Schmerz, nicht das »richtige« Kind der Eltern zu sein, kommt der Schmerz darüber, nicht bei den »richtigen« Eltern sein zu dürfen. Zwei Verluste, die gleichzeitig auf das Kind einwirken. Hier einen Weg zu finden, ist nicht einfach und erfordert von den Adoptiveltern ein hohes Maß an Verständnis und Hilfestellung, das weit über das »normaler« Eltern hinausgeht.

Das Problem der Identität

Die Tatsache, dass die eigenen Eltern nicht in der Lage waren, Sorge für ihr Kind zu tragen, wird häufig als bittere Niederlage und als Makel empfunden. Adoptierten Kindern kann es zudem schwerfallen, die eigene Identität zu finden – immer hin- und hergerissen zwischen zwei Familien, von denen sie eine – die ursprüngliche – in der Regel nicht einmal kennen. So kann die Frage »Wer bin ich?« nicht hinreichend beantwortet werden. Adoptierte Kinder entwickeln daher, sobald sie von ihrer Herkunft wissen, spätestens aber in der Pubertät, oft ein großes Interesse an ihren leiblichen Eltern. Die Adoptiveltern sollten nicht verletzt sein, wenn ihr Adoptivkind sich in dieser ohnehin schwierigen Ablösephase vermehrt für seine Herkunftsfamilie

Ein Adoptivkind wird stets zwei Familien haben, selbst wenn es seine leibliche Familie nicht kennt.

interessiert und ihr eine Rolle einräumt, die sie wahrscheinlich nicht einnimmt. Wenn Adoptiveltern in dieser Situation falsch reagieren, etwa die leiblichen Eltern vor den Augen der Kinder schlecht machen, erschweren sie die Selbstfindung der Kinder zusätzlich.

Das Kind annehmen mit allen seinen Eigenheiten

Auch Adoptiveltern hadern häufig mit der Tatsache, das Kind fremder Eltern aufzuziehen und die Eltern ihres Kindes nicht einmal zu kennen. Wenn Adoptivkinder irgendwie »unnormal« reagieren oder sich nicht so entwickeln, wie es erwartet wird, heißt es gleich: Das muss es von seinen leiblichen Eltern haben. Dahinter steht auch die bange Frage, was es wohl noch alles an unangenehmen Anlagen und Überraschungen bereithalten wird. Dabei vergisst man völlig, dass auch leibliche Kinder voller Überraschungen sind und sich nur in den seltensten Fällen genau so entwickeln, wie es sich Eltern und Großeltern wünschen. Natürlich können Adoptivkinder spezielle, vor allem seelische, Probleme entwickeln, die vielleicht die leiblichen Kinder von Freunden und Bekannten nicht haben. Denn: Adoptivkinder, zumal ältere und solche aus dem Ausland, haben meist schon Belastungen in ihrem jungen Leben hinnehmen müssen, die Spuren hinterlassen. Das können Vernachlässigung, Gewalt oder einfach der Trennungsschmerz sein. Manche Kinder haben schon eine ganze Odyssee von Heim- und Pflegeaufenthalten hinter sich. Selbst Säuglinge spüren den Verlust der Mutter, die in der ersten Lebensphase das Universum für das Kind darstellt. Wie ein Kind auf diese traumatischen Erlebnisse reagiert, kann kaum vorhergesagt werden. Verlassenheit kann jedoch – und darüber muss man sich im Klaren sein – zu psychischen Beeinträchtigungen führen. All diese Schwierigkeiten, die auftreten können, sprechen natürlich nicht gegen eine Adoption, aber sie sollten bedacht werden.

Es kann vorkommen, dass Adoptivkinder aufgrund ihrer Erfahrungen spezielle seelische Probleme entwickeln.

Weitere Fragen, die Sie sich vor der Entscheidung für oder gegen eine Adoption stellen sollten, werden im Kapitel »Überlegungen vor einer Adoption« ab Seite 41 behandelt.

> **Wie reagiert das Umfeld auf das adoptierte Kind?**
>
> Insgesamt brauchen Adoptiveltern manchmal ein dickeres Fell als andere Eltern. Dann nämlich, wenn es im Bekannten-, vielleicht sogar im erweiterten Familienkreis Bedenken oder gar Vorwürfe gibt. Dann, wenn Bekannte wegen der Adoption auf Distanz gehen oder sich ganz zurückziehen oder Nachbarn tuscheln. Auch in der Schule kann es zu Hänseleien anderer Kinder kommen oder Lehrer geben, die mit der Situation nicht umgehen können. In jedem Fall sollten Sie solche Probleme nicht verdrängen oder hoffen, dass sich schon alles irgendwie einrenkt. Klärende Gespräche und Beratung bei Fachleuten helfen in diesen Situationen weiter.

Für eine Adoption spricht das Wichtigste überhaupt: dass Sie einem Kind ein neues Zuhause geben wollen. Denn von diesem Motiv sollten Sie sich vor allen anderen leiten lassen. Demnach geht es nicht darum, ein passendes Kind für die Wünsche der Eltern zu finden, sondern für ein Kind die passenden Eltern.

Kinderrecht geht vor Elternrecht

Wenn Sie ein Kind adoptieren wollen, dann um seiner selbst willen. Das hört sich leicht an. Nur: Natürlich hat ein Paar, das sich zur Adoption entschließt, immer auch eigene Wünsche und Erwartungen an ein Adoptivkind. Daher ist es die Pflicht der Adoptionsvermittlungsstelle, so gut es geht herauszufinden, ob ein Kind als Ersatz für etwas anderes dienen soll, das sich für

> Keineswegs darf das Kind als »Ersatz« für einen Mangel im eigenen Leben gesehen werden.

die Eltern nicht mehr erfüllt. In diesem Fall würde das Kind mit einer bestimmten »Aufgabe« in die Familie kommen, die es natürlich nicht erfüllen kann: Ersatz für ein verstorbenes Kind, Spielkamerad für ein bereits vorhandenes eigenes oder Ersatz für das Kind, das man nicht bekommen kann, Ersatz für die Liebe des Ehepartners oder für eine harmonische Partnerschaft. Mit dieser Haltung überträgt man die eigenen Probleme auf ein Kind und verkehrt damit – meist unbewusst – den Sinn der Adoption in ihr Gegenteil. Nicht die Ansprüche des Kindes sind Ausgangspunkt der Überlegung, sondern die eigene Befindlichkeit. Überspitzt gesagt: Statt das Kind als Persönlichkeit anzunehmen, ist geplant, eine Lösung der eigenen Probleme zu adoptieren. In diesem Fall sollte überlegt werden, ob es nicht Alternativen zur Adoption gibt.

Die Alternative zur Adoption: das Pflegekind

Nicht jedes Kind aus gestörten familiären Verhältnissen wird (sofort) zur Adoption freigegeben. In diesem Fall kann die Pflegschaft eine Alternative sein. Pflege und Adoption eines Kindes unterscheiden sich rechtlich sehr stark voneinander. Während sich bei der Adoption – zumindest bei der Volladoption Minderjähriger – ein vollständiger Wechsel der verwandtschaftlichen Einbindung des Kindes von seiner Herkunfts- in seine Adoptivfamilie vollzieht, und zwar mit allen Konsequenzen, bleibt das Pflegekind Teil seiner Herkunftsfamilie. Was heißt das genau? Eltern, die seelisch, sozial oder gesundheitlich in Not oder in einer Krisensituation sind, haben laut Kinder- und Jugendhilfegesetz (KJHG) das Recht auf Hilfe durch das Jugendamt. Teil dieser Hilfe ist die vorübergehende Aufnahme des Kindes in eine Pflegefamilie. Die Pflegeeltern sorgen für das Kind, das aber das Kind seiner leiblichen Eltern bleibt, rechtlich und oft auch seelisch und auch dann, wenn diese nicht mehr sorgeberechtigt sind. Für diese Mühe erhalten die Pflegeeltern, die formal gesehen Vertragspartner des Jugendamtes sind, einen finanziellen Ausgleich und fachliche Unterstützung.

Gäste auf Zeit

Für Pflegeeltern bedeutet dies: Pflegekinder sind Gäste auf Zeit. Das klingt hart, entspricht aber der Wahrheit. Die Pflegeeltern müssen bereit sein, das Kind nach einer bestimmten Zeit wieder an die leiblichen Eltern zurückzugeben.
Andere Kinder können adoptiert werden. Bei wieder anderen bleibt lange offen, wie es weitergeht. Oft zeigt sich erst im Laufe der Zeit, ob die leiblichen Eltern wieder in der Lage sind, für ihr Kind zu sorgen, oder ob es in der neuen Familie verbleibt. Diese Situation bringt schwere Probleme sowohl für die Eltern als auch für die Kinder mit sich.
Laut Kinder- und Jugendhilfegesetz sind Pflegeeltern aus den genannten Gründen verpflichtet, im Interesse des Kindes mit seinen leiblichen Eltern in Kontakt zu bleiben.
Auch wenn es die Pflegeeltern vielleicht Überwindung kostet: Für die Kinder und ihre seelische Entwicklung ist es am besten, wenn die Dreierbeziehung offen und aktiv gesucht wird. Denn ob man es als Pflegeeltern nun wahrhaben will oder nicht: Das Kind bleibt Teil seiner Herkunftsfamilie und muss in der Situation, zwei Familien zu haben, unterstützt werden. Je »normaler« es für das Pflegekind ist, beide Familien zu lieben – ähnlich wie bei Scheidungskindern die Liebe zu Vater und Mutter –, desto eher können Pflegekinder zufrieden aufwachsen. Sie benötigen von der Herkunftsfamilie die moralische Erlaubnis, sich bei den Pflegeeltern wohl und heimisch zu fühlen, ebenso wie sie von der Pflegefamilie die Erlaubnis bekommen müssen, der Herkunftsfamilie einen angemessenen Platz in ihrem Leben zu geben. In dieser Einbeziehung beider Familien sehen viele Fachleute den

Pflegeeltern bleiben mit den leiblichen Eltern des Kindes in Kontakt.

entscheidenden Vorteil gegenüber der so genannten Inkognito-Adoption, bei der Kinder nichts über ihre leiblichen Eltern wissen (siehe Seite 86 f.). Denn fehlendes Wissen über die Herkunft bedeutet, einen entscheidenden Baustein seiner selbst nicht zu kennen, was zu schwerwiegenden Selbstfindungs- und Identitätsproblemen führen kann. Das Wissen über die Eltern bedeutet im Gegenzug auch, verstehen zu lernen, warum es nicht möglich ist, in der eigenen Familie zu leben.

Adoptionen in Österreich und der Schweiz

Auch in Österreich gibt es seit Jahrzehnten mehr Bewerber als Adoptivkinder. Wie in Deutschland sind die Inkognito-, die offene und halboffene Adoption möglich. Erst nach einem halben Jahr in der neuen Familie wird die Adoption auch rechtsgültig, beide Seiten können sie in dieser Zeit rückgängig machen. Voraussetzung für eine Adoption ist eine Pflegestellenbewilligung durch das Wohnsitzjugendamt, die nach ausführlichen Gesprächen mit den Bewerbern und einer ärztlichen Untersuchung erteilt werden kann. Adoptiveltern müssen nicht verheiratet sein, bei Lebensgemeinschaften kann aber nur ein Elternteil adoptieren.

In der Schweiz können nur Ehepaare adoptieren, die fünf Jahre und länger verheiratet und mindestens 35 Jahre alt sind. Nur ungewollt kinderlose Paare kommen in Betracht. Gleichgeschlechtliche Paare sind per Gesetz ausgeschlossen. Vor einer Adoption muss sich das Kind ein Jahr in Familienpflege bei den künftigen Eltern befinden.

Warum wollen wir ein Kind adoptieren?

Eine Adoption ist eine Entscheidung, die große Auswirkungen auf Ihr Leben, aber auch auf das des adoptierten Kindes hat. Denn dies bedeutet, sich bewusst für ein Kind zu entscheiden, ohne Wenn und Aber, und ein Leben lang für es da zu sein. Bevor Sie sich zu diesem Schritt entschließen, sollten Sie deshalb Ihre Beweggründe genau hinterfragen und ehrlich beantworten.

Gründe für die Adoption eines Kindes

Es gibt vielerlei Beweggründe dafür, ein Kind zu adoptieren. Die eigenen Motive sollte man sich frühzeitig und ehrlich bewusst machen. Keineswegs darf man diffuse oder unrealistische Wünsche an die Elternschaft haben oder spezielle persönliche Probleme durch ein Kind zu lösen hoffen. Enttäuschungen sind sonst unvermeidbar.

Die Gründe, die zu einer Adoption führen, beeinflussen das Zusammenleben nicht unerheblich. Familien, die das Besondere einer Adoptivfamilie nicht begreifen und akzeptieren, sondern den Wunsch haben, ein »ganz normales« Familienleben zu führen, werden Probleme bekommen.

Kinderlosigkeit

Die häufigste Motivation, ein Kind zu adoptieren, ist Kinderlosigkeit.

Eine Adoption wird in den meisten Fällen durch Kinderlosigkeit motiviert. Das Adoptivkind bringt die Erfüllung des Kinderwunsches. Es ist nachgewiesen, dass immer mehr Paare ungewollt kinderlos bleiben. Betroffen sind etwa ein Viertel aller Paare. Dabei liegt die Ursache in etwa 40 Prozent der Fälle bei der Frau und in 40 Prozent beim Mann, in etwa zehn Prozent sind beide Partner unfruchtbar und in zehn Prozent der Fälle ist keine Ursache auszumachen. Als Ursachen kommen meistens hormonelle oder körperliche Störungen in Betracht. Übrigens spricht man erst dann von »Sterilität«, wenn es innerhalb von zwei Jahren trotz regelmäßigem Geschlechtsverkehr zu keiner Schwangerschaft kommt.

Das Anwachsen ungewollter Kinderlosigkeit führen Fachleute unter anderem darauf zurück, dass Frauen bei ihrer ersten Schwangerschaft immer älter sind, aber auch auf die sinkende Qualität der Spermien.

Ungewollte Kinderlosigkeit führt immer zu ganz unterschiedlichen Gefühlen: Ungläubigkeit, Wut, Neid, Trauer, Resignation sind nur einige davon.

> *Wichtig:* Solange Sie sich noch inmitten dieses Ozeans aus Emotionen befinden, sollten Sie möglichst nicht über eine Adoption nachdenken. Denn dann würde ein Kind automatisch die Aufgabe übertragen bekommen, diese Gefühlslage bei Ihnen zu verbessern – keine gute Grundlage für ein glückliches Familienleben. Empfehlenswert ist es, sich in dieser Phase mit anderen Betroffenen auszutauschen, zum Beispiel in Newsgroups oder Selbsthilfegruppen.

Verlust eines leiblichen Kindes

Eltern, die ein Kind verloren haben, benötigen eine lange Trauerzeit. Sie sollten weder sofort ein neues Kind bekommen noch vorschnell an eine Adoption denken. Denn damit würde das »neue« Kind zwangsläufig dazu verdammt sein, eine Lücke zu schließen, die es unmöglich füllen kann. Kinder, die in der Familie diese Aufgabe zu bewältigen haben, statt um ihrer selbst willen angenommen zu werden, haben stets größere Probleme als andere. Die Eltern sind durch ihre Trauer so gebunden, dass sie dem neuen Kind nicht in dem Maße helfen können, wie es nötig wäre. »Ersatzkinder«, die in die Zeit der Trauer um ein anderes Kind hineingeboren oder adoptiert werden, wachsen in einer ungesunden Atmosphäre auf. Sie spüren, dass etwas nicht stimmt, und nehmen einen Teil der Last, die auf der Familie liegt, auf sich. Wenn sie erfahren, dass es vor ihnen schon ein anderes Kind gab, werden sie sich selbst als Ersatzlösung und damit minderwertig fühlen. Schlimmstenfalls werden sie sich

Verwaiste Eltern sollten sich viel, viel Zeit nehmen, um selbst über den Verlust hinwegzukommen, anstatt ein anderes Kind damit zu beauftragen.

wünschen, dass statt ihrer hier lieber das andere Kind leben sollte, damit die Eltern glücklich sind. Auch die Fantasie, die unsichtbare Konkurrenz zu dem toten Kind nur aushalten zu können, wenn man selbst tot ist, ist anzutreffen.

Zudem bleibt für Adoptivkinder kein Raum, um die eigene Trauer über die Trennung von ihren Eltern angemessen auszuleben. Verdrängte Trauer aber bleibt und kommt in einer späteren Lebensphase geballt wieder zum Vorschein.

Ein Geschwisterkind wird gesucht

Die Gründe, warum Eltern mit einem eigenen Kind ein zweites adoptieren wollen, sind äußerst vielfältig. Eine Gruppe von Eltern kann kein zweites Kind bekommen und wünscht sich daher ein Adoptivkind: etwa weil bereits die erste Schwangerschaft mit Risiken verbunden war, weil ein Partner durch Krankheit unfruchtbar geworden ist, weil das Paar die Torturen einer künstlichen Befruchtung nicht ein zweites Mal durchmachen will usw. In all diesen Fällen befinden sich Eltern in der gleichen Lage wie andere ungewollt Kinderlose. Sie sollten sich zunächst in Ruhe von dem Gedanken verabschieden, noch ein zweites (eigenes) Kind zu bekommen, und die Gefühle von Trauer und Ohnmacht ausleben. Vielleicht stellt sich anschließend heraus, dass auch das Leben mit nur einem Kind erfüllt und schön sein kann. Andere Paare kommen mit der Erziehung ihres eigenen Kindes nicht recht klar und erhoffen sich von einem passenden Geschwisterchen quasi therapeutische Hilfe. Doch diese ist von einem Adoptivkind garantiert nicht zu bekommen. Im Gegenteil: Adoptivkinder brauchen selbst Hilfe und gefestigte Familienverhältnisse. Sie brauchen sogar mehr Zuwendung als das eigene Kind. Das bringt Eltern in einen Zwiespalt, denn leibliche Kinder kommen damit naturgemäß auch nicht klar und fordern ihre Rechte. Wenn sich Adoptivkinder in ihrer ohnehin schweren

Nur wenige Kinder werden in Familien mit eigenen Kindern vermittelt, da häufig eine starke Konkurrenzsituation unter den Kindern entsteht und alle Beteiligten mit der Situation überfordert sind.

Lage gegen die Konkurrenz leiblicher Kinder durchsetzen müssen – und Konkurrenz unter Geschwistern ist völlig normal –, dann kommen die eigenen Probleme und Gefühle zu kurz.

Ein Kind als Beziehungsretter

Kinderkot ist der beste Kitt für gebrochene Frauenherzen, sagt der Volksmund. Doch stimmt es, dass ein Kind – ob leiblich oder angenommen – eine unbefriedigende Partnerschaft wieder beleben kann? Hier sind starke Zweifel anzumelden, da vorhandene Probleme durch ein Kind entweder überdeckt und damit vertagt oder sogar verstärkt werden. Ein Kind als »Ablenkungsmanöver« von den Problemen des Paares oder als Klammer, um eine Ehe zusammenzuhalten – mit dieser Aufgabe sind Kinder überfordert. Ihre eigenen Konflikte machen es Partnern unmöglich, als Elternpaar ganz für das Adoptivkind da zu sein. Die Enttäuschung über die unbefriedigende, schwierige oder gescheiterte Beziehung bindet viele Gefühle. Ingesamt bieten Spannungen oder Streitsituationen keine gute Grundlage für die Entwicklung eines Adoptivkindes.

Um ihre Beziehung zu verbessern, sollten Paare gemeinsam ihren Problemen auf den Grund gehen. Wie tief die Krise auch sein mag, Gespräche miteinander oder mit neutralen Dritten sind garantiert die bessere Lösung als die Adoption eines Kindes.

Ein Kind kann keine Beziehung retten. Mit dieser Situation wird es überfordert.

Kein Partner in Sicht

In der Praxis der Adoptionsvermittlung spielt die Annahme durch Alleinerziehende keine bedeutende Rolle. Abgebende Eltern wünschen sich vielfach, dass ihr Kind mit Vater und Mutter aufwächst. Und da sie ein Mitspracherecht haben, richten sich Mitarbeiter der Jugendämter und Richter an Familiengerichten

danach. Das Modell »Mutter-Vater-Kind« ist zudem das gesellschaftlich übliche und scheinbar erfolgversprechendste.
In der Vermittlungspraxis bekommen Alleinstehende vor allem im Rahmen von Verwandtschaftsadoptionen ein Kind zugesprochen – wenn also ein Kind von einer allein stehenden oder unverheirateten Person aus dem Verwandtenkreis adoptiert wird. In diesem Fall wird vermutet, dass das Kind bereits eine Beziehung zu dem oder der Verwandten aufgebaut hat, sodass die Adoption im Interesse des Kindeswohls die beste Lösung sein kann. Jeder Einzelfall wird gesondert geprüft, und zwar besonders intensiv. Auch wenn Alleinstehende ein Kind schon lange in Pflege hatten, steht einer Adoption meist nichts im Wege. Mindestalter des Annehmenden ist ohne Ausnahme 25 Jahre.
In der Praxis wachsen natürlich viele Adoptivkinder bei nur einem Elternteil auf, denn auch die Ehen von Adoptiveltern werden geschieden. Ein-Eltern-Familien sind zwar keine Seltenheit mehr, sie sind aber dennoch ganz besonderen Problemen ausgesetzt. Von möglichen materiellen Zwängen abgesehen, entwickeln Kinder Alleinstehender oft eine besonders enge Bindung zu Mutter oder Vater, bei der/dem sie leben. Sie fühlen sich auf eine Weise verantwortlich, die über das Übliche weit hinausgeht. Kinder versuchen, den fehlenden Partner zu ersetzen, Eltern versuchen, als Ausgleich für den fehlenden zweiten Elternteil das Kind an ihrem Erwachsenenleben teilhaben zu lassen. Dabei entstehen komplizierte Symbiosen, die verhindern können, dass das Kind selbstständig wird. Kommen dann noch die spezifischen Probleme von Adoptivkindern, wie Verlassensängste, hinzu, kann es für beide Seiten schwierig werden.

Um allzu enge Bindungen zu verhindern, sollten Alleinerziehende ihren Kindern klar machen, dass sie die Verantwortung für ihre Erwachsenenwelt allein tragen können und die Kinder getrost Kinder sein dürfen. Vielfältige soziale Kontakte sowohl der Eltern als auch der Kinder zu anderen Erwachsenen bzw. Kindern sorgen für den nötigen Ausgleich.

Ein Kind darf kein Partnerersatz sein – das steht außer Frage.

Wenn ein Kind sieht, dass die Mutter Freunde hat, mit denen sie sich über ihre Probleme austauschen kann, ist es automatisch entlastet und kann kindlich leben.

Für unverheiratete Paare gibt es auch dann, wenn sie schon seit Jahren eheähnlich zusammenleben und die besten Voraussetzungen für eine Adoption bieten, keine rechtliche Möglichkeit, gemeinsam ein Kind zu adoptieren. In diesen Fällen kann, wenn überhaupt, nur ein Elternteil das Kind adoptieren.

Verwandte als Adoptiveltern

Verwaist in der Verwandtschaft ein minderjähriges Kind oder muss es aus schwerwiegenden Gründen – Krankheit, Drogensucht oder eine andere Lebenskrise – aus der elterlichen Obhut genommen werden, kann es oft von Verwandten adoptiert werden. Der größte Vorteil für das Kind besteht darin, dass es sich nicht völlig aus seiner Herkunftsfamilie verabschieden muss. Es ist mit seiner neuen Familie blutsverwandt, sieht vielleicht sogar ähnlich aus, was sich positiv auf seine Selbstfindung auswirken kann. Das Gefühl, vollkommen verlassen zu sein, bleibt ihm somit erspart. Zudem haben auch ältere Kinder, die sonst schwer vermittelbar sind, eine große Chance, weiter in einer Familie leben zu können. Tanten und Onkel drängen in einer solchen Situation vielleicht, die Adoption von Kindern ihrer Geschwister möglichst schnell und »nahtlos« zu vollziehen. Sie wollen den Kindern eine unnötig lange Übergangszeit ersparen. Dabei ist aber zu bedenken: Kinder können sich unmöglich sofort für eine neue Beziehung öffnen. Sie benötigen Zeit für ihre Trauer um die verlorenen Eltern und sollten nicht sofort mit einer neuen Familienkonstellation konfrontiert werden. Kinder verlieren nicht heute die Eltern (auch wenn es keine »guten« Eltern waren) und freuen sich morgen auf eine neue Familie. Die heile Welt, die man ihnen mit besten Absichten sofort bieten will, gibt es für solche Kinder nicht mehr. Eine Aus-

Bei einer Adoption durch Verwandte ist der Bruch mit der Vergangenheit nicht so heftig wie bei der Annahme durch Fremde.

nahme bilden hier sehr kleine Kinder, die sich erfahrungsgemäß schnell an eine neue Familie binden. Alle anderen werden lebenslang mit dem frühen Verlust der Eltern zu kämpfen haben. Auch dann, wenn sie irgendwann zur Tante »Mama« und zum Onkel »Papa« sagen und ihre Cousins und Cousinen als Geschwister akzeptieren, ist dies kein vollwertiger Ersatz der eigenen Familie.

Keineswegs problemlos ...

In der Praxis sind Verwandtschaftsadoptionen für die annehmenden Eltern oft mit Schwierigkeiten behaftet, wenn das Kind aus einer problembeladenen Familie kommt. Der Hass auf das Versagen der abgebenden Eltern bezieht sich nicht – wie bei normalen Adoptionen – auf Fremde, die man meist nicht einmal persönlich kennt, sondern auf Bruder, Schwester, Schwager, Schwägerin oder einen anderen Verwandten. Diese Situation hat auch viel mit der eigenen Entwicklung, vielleicht sogar mit eigener Schuld zu tun. Es ist sehr schwer, solche heftigen Gefühle vor dem Kind zu verbergen. Spricht man jedoch schlecht von dessen leiblichen Eltern (»Dein Vater hat sich in der Schule immer schon geprügelt und war faul wie die Sünde«), wirkt sich das schädlich auf das Selbstwertgefühl des Kindes aus.

Sprechen Sie sachlich über die Probleme der Herkunftseltern, suchen Sie Erklärungen – keine Rechtfertigungen – oder plaudern Sie auch mal über schöne Erinnerungen aus dem Familienleben.

> *Wichtig:* Rechtlich gesehen ist die Verwandtschaftsadoption eine vollwertige Adoption, das heißt, sie ist endgültig und muss sich an den gültigen Regeln orientieren.

Wenn Stiefeltern adoptieren wollen

Auf den ersten Blick sollte eine Adoption durch den neuen Ehemann der Mutter – den »Stiefvater« – oder die neue Ehefrau des Vaters – die »Stiefmutter« – eine unkomplizierte Sache sein: Das Kind bekommt wieder eine richtige, vollständige Familie, ohne dass sich die Situation grundlegend ändert. Die leibliche Mutter bzw. der leibliche Vater wird in der Erziehungsarbeit entlastet, da der neue Partner nun gleichberechtigt Elternrechte und -pflichten wahrnimmt. Und der Stiefvater bzw. die Stiefmutter steht nicht mehr abseits, sondern ist vollwertiges Mitglied der neuen Familie. Dieses Gemeinschaftsgefühl dokumentiert sich unter Umständen in dem gemeinsamen Familiennamen. Das klingt zwar erfreulich, doch auch hierbei können Probleme auftreten, auf die Sie vorbereitet sein sollten, falls Sie das Kind oder die Kinder Ihres neuen Partners adoptieren wollen.

Wie bei jeder anderen Adoption sollten Sie sich fragen, ob Sie wirklich bereit dazu sind, ab sofort Vater- oder Mutterrolle zu übernehmen. »Aber ich spiele diese Rolle doch ohnehin schon, auch ohne Adoption!« werden Sie jetzt vielleicht sagen. Ja, aber aus dem Spiel wird in dem Moment Ernst, in dem Sie sich auch vor dem Gesetz zu dieser Rolle bekennen. Um die Tragweite Ihrer Entscheidung zu verdeutlichen: Aus Erbschaftsgründen müssen Ihre erwachsenen Kinder, falls Sie welche haben, der Adoption zustimmen. Und falls Sie sich von Ihrem Ehepartner scheiden lassen, haben Sie Unterhaltspflichten gegenüber Ihren Adoptivkindern. Denn Adoptivkinder werden in allen Fragen wie leibliche Kinder behandelt.

Daher ist es unerlässlich, sich ehrlich folgende Fragen zu stellen:
- Sind Sie stark genug, Belastungen und Probleme auszuhalten, die in jeder Familie mit Kindern auftauchen?
- Können Sie unter Umständen Sätze ertragen wie: »Du hast uns gar nichts zu sagen, du bist nicht unser richtiger Vater / unsere richtige Mutter?«
- Würden Sie akzeptieren, dass der leibliche Vater, die leibliche Mutter bei schwierigen Entscheidungen das letzte Wort hat, und nicht versuchen, mit ihm/ihr in Konkurrenz zu treten?

Auch wenn es harmonisch aussieht – auch in einer Stieffamilie können vielfältige Probleme mit dem Adoptivkind auftreten.

Denn eins steht fest: Sie sind nicht leibliche Mutter oder leiblicher Vater. Wenn Sie Glück haben, werden Sie guter Freund, Ratgeber, Vertraute des Kindes. Hier liegt aber auch Ihre besondere Chance: Da Sie mehr Distanz zum Kind behalten (dürfen) als leibliche Eltern, können Sie in komplizierten Situationen als Moderator klärend wirken und allzu emotionsgeladene Konflikte besser auflösen als jeder andere.

Ein schwerwiegender Schritt

> Stiefkinder haben weit häufiger gar keinen oder weniger Kontakt zu ihren leiblichen Elternteilen als Kinder Alleinerziehender.

Psychologisch kompliziert wird eine Stiefkindadoption dadurch, dass es in den meisten Fällen ein getrennt lebendes leibliches Elternteil gibt. Denn Stieffamilien entstehen heutzutage nicht mehr – wie in den Märchen der Brüder Grimm – vorrangig durch den Tod eines Elternteiles. Trennung und Scheidung sind stattdessen die häufigsten Gründe dafür, dass sich zunächst Ein-Eltern-Familien und später Stieffamilien herausbilden. Doch die Kinder fühlen sich auch zu dem Elternteil hingezogen, der nicht mehr bei der Familie lebt. Unabhängig davon, ob Eltern zusammenleben oder nicht, bleiben sie doch Eltern. Kinder lieben meist beide Eltern. Die Scheidung und der Auszug von Vater oder Mutter ist für Kinder ohnehin eine schmerzliche, traumatische Erfahrung. »Bleibe ich Papas/Mamas Kind?«, fragen sich Kinder bang und hoffen inständig darauf.

Wenn Vater oder Mutter nun aber ein Kind zur Adoption freigeben, damit der neue Ehepartner des anderen Elternteils es adoptieren kann, wird genau dieser Status als Vater und Mutter aufgegeben. Er bzw. sie verschwindet praktisch aus dem Leben des Kindes, alle Brücken werden abgebrochen, Kontakte gibt es kaum, ja sogar das verwandtschaftliche Verhältnis erlischt. Obwohl die Entscheidung verantwortlich und im Interesse des Kindes gefällt worden sein kann: Beim Kind kommt es garantiert als totale Ablehnung an.

Für die Adoption sind verschiedene Einwilligungen erforderlich, und zwar in notarieller Form (siehe Seite 64 f.): Bei Minderjährigen muss zunächst der gesetzliche Vertreter zustimmen. Wenn das Kind 14 Jahre alt und älter ist, muss es auch selbst mit der Adoption einverstanden sein. Auch beide Elternteile des Kindes und der Ehegatte des Adoptionswilligen müssen ihre Einwilligung erteilen. Problematisch ist oft die Zustimmung des anderen leiblichen Elternteils. Manche wollen nicht zustimmen, andere sind nicht auffindbar. Auf ein Einverständnis kann nur verzichtet werden, wenn der Aufenthalt nachweislich nicht festzustellen ist. Ansonsten hilft nur die Ersetzung der Zustimmung durch das Gericht.

> *Wichtig:* Der verbliebene leibliche Elternteil trägt in dieser Situation die Verantwortung, dem Kind diese Entscheidung ausführlich und ohne negative Emotionen zu erklären. Der Stiefelternteil sollte zurückhaltend Partnerschaft anbieten und vermeiden, sich als Vater- oder Mutterersatz zu präsentieren.

Checkliste: Warum wollen wir ein Kind adoptieren?

Wir sind kinderlos und wünschen uns ein Kind
- Der Wunsch nach eigenen Kindern ist abgeschlossen?
- Das Adoptivkind ist kein Ersatz für fehlende eigene Kinder?
- Uns ist klar, dass wir kein »Wunschkind« bekommen?

Wir haben bereits eigene Kinder
- Uns ist klar geworden, warum wir uns noch ein Kind wünschen?
- Wir suchen keinen Spielkameraden für unser Kind?
- Wir suchen keinen Erziehungshelfer für unser Kind?

- Wir können dem eigenen und dem adoptierten Kind gleichermaßen gerecht werden?

Wir haben ein Kind verloren
- Wir haben genug Zeit für die Trauer verstreichen lassen?
- Wir erwarten keinen Ersatz für das verlorene Kind?

Ein Kind soll unsere Partnerschaft beleben
- Wir wissen, dass kein Kind (und erst recht kein Adoptivkind) unsere Probleme lösen kann?
- Wir haben über unsere Probleme gesprochen?
- Wir haben fachlichen Rat (Eheberatung) eingeholt?

Ich will als Alleinerziehende/r ein Kind adoptieren
- Der Wunsch nach einem eigenen Kind ist abgeschlossen?
- Ich suche keinen Partnerersatz, sondern will einem Kind ein Zuhause geben?
- Ich bin mir der besonderen Situation, in der ich als Alleinerziehende/r lebe, bewusst?

Wir wollen ein Kind aus der Verwandtschaft adoptieren
- Haben wir einem verwaisten Kind Zeit gelassen, angemessen um seine Eltern zu trauern?
- Bei Vernachlässigung innerhalb der Familie:
  Haben wir negative Gefühle gegenüber den leiblichen Eltern (unseren Verwandten) im Griff?

Ich will ein Stiefkind adoptieren
- Bin ich auf die Vater-/Mutterrolle vorbereitet?
- Bin ich bereit, nicht in Konkurrenz zum leiblichen Elternteil zu treten?
- Kann ich auch mit zeitweiliger Ablehnung leben?
- Akzeptiere ich, dass der andere Vater, die andere Mutter wichtig für das Kind bleibt?
- Kann ich eine erweiterte Stieffamilie ertragen?

Überlegungen vor einer Adoption

Wenn Sie sich zu einer Adoption entschlossen und den ersten Beratungstermin mit dem zuständigen Jugendamt vereinbart haben, müssen Sie damit rechnen, dass Ihnen bei diesem Gespräch eine Reihe von Fragen gestellt wird. Das Jugendamt hat den Auftrag, die adoptierwilligen Eltern auf »Herz und Nieren« zu prüfen. Dies ist keine Schikane, sondern einzig und allein zum Wohle des Kindes. Es ist deshalb wichtig, dass Sie sich schon im Vorfeld mit grundsätzlichen Überlegungen auseinandergesetzt haben.

Eine Entscheidung mit Konsequenzen

Eine Adoption ist eine weitreichende Entscheidung, die nicht mehr rückgängig gemacht werden kann. Daher sollten Sie sich schon vor dem ersten Beratungstermin bei Ihrem zuständigen Jugendamt, das in der Regel Adoptivkinder vermittelt, über eine Reihe von Fragen klar werden – und zwar gemeinsam mit Ihrem Partner und anderen Familienmitgliedern, mit denen das Kind künftig zusammenleben soll. Um ein Kind zu adoptieren, müssen die Lebensumstände gesichert sein und es muss eine tiefe Bindungsbereitschaft bestehen.

Fühlen wir uns geeignet und in der Lage, ein Kind großzuziehen?

> Um ein Kind zu adoptieren, müssen die Lebensumstände gesichert sein und es muss eine tiefe Bindungsbereitschaft bestehen.

Diese Frage mag merkwürdig klingen, weil werdende biologische Eltern sich im Normalfall diese Frage nicht stellen. Sie als künftige soziale Eltern eines Adoptivkindes müssen sie aber stellen, da Sie spätestens im Adoptionsverfahren Ihre Eignung nachweisen müssen. Worauf es dort ankommt, erfahren Sie im Kapitel »Der Ablauf eines Adoptionsverfahrens« auf Seite 63. Sie wünschen und erwählen sich ganz entschieden ein Kind hinzu, wie der Begriff adoptieren (lat. adoptare = erwählen) aussagt. Und zwar ein Kind fremder Eltern, wodurch Sie eine ganz besondere Verantwortung übernehmen: Das Kind wurde schon einmal aus seiner vertrauten Umgebung gelöst. Der Staat muss sicherstellen, dass dieser zweite Anlauf für das Kind ein hohes Maß an Erfolg verspricht. Deshalb sucht er die Eltern innerhalb eines gründlichen – und daher von vielen als schikanös empfundenen – Verfahrens aus. Vor diesem Hintergrund betrachtet, hat man vielleicht etwas mehr Verständnis dafür.

Vorab sollten Sie sich fragen, ob Ihre persönlichen Verhältnisse es ermöglichen, dem Kind dauerhaft ein Zuhause, Fürsorge, Liebe und Geborgenheit zu geben (Prinzip des Kindeswohls). Das schließt die materiellen Bedingungen ein, aber auch die charakterliche Eignung. Außerdem fordert das Gesetz, dass sich ein Eltern-Kind-Verhältnis mit allem, was dazu gehört, entwickelt. Daher müssen die Eltern die Bereitschaft verspüren, sich auf eine solche Beziehung ohne Wenn und Aber einzulassen. In einer Übergangszeit am Beginn der Adoption, der so genannten Adoptionspflege (siehe Seite 68), können Eltern und Kind zudem gemeinsam herausfinden, ob sie es lebenslang miteinander versuchen wollen.

Sind wir uns einig in dem Entschluss zur Adoption?

Zwar sind Sie auch als Single generell berechtigt, ein Kind zu adoptieren. Dennoch ist die Adoption durch ein Paar (immer noch) die Regel. Wenn Sie als Paar eine Adoption in Erwägung ziehen, sollten Sie sich beide gleichermaßen bewusst für diesen Schritt entschieden haben – und dies im Adoptionsverfahren auch zum Ausdruck bringen.
Dann überstehen Sie sicher die Fragen im Eignungsverfahren gut und ertragen auch die lange Wartezeit auf ein Kind von bis zu mehreren Jahren, mit der Sie unter Umständen rechnen müssen. Sollte allerdings einer von Ihnen Zweifel bekommen – dann sprechen Sie mit dem Partner unbedingt darüber! Denn wenn das Kind erst einmal bei Ihnen ist, muss Ihre Paarbeziehung ohnehin erhöhte Belastungen aushalten. Daher ist es wichtig, immer wieder über die bevorstehende Adoption zu sprechen und abzugleichen, ob Motive, Wünsche und Ziele noch übereinstimmen. Zweifel und Vorwürfe – »Ich hab ja immer gesagt, wir sollten uns das noch mal überlegen« – sind dann nicht gerade hilfreich. Sie erzeugen Distanz, wo eigentlich Beziehungen aufgebaut werden sollen. Der andere Partner fühlt sich schnell allein gelassen und verraten – und das bekommt letztlich weder der Ehe gut noch dem Kind.

> **Es hat keinen Sinn, dem Partner zuliebe einer Adoption zuzustimmen. Beide müssen fest hinter dem Entschluss stehen.**

Was werden eigene Kinder zu einem Adoptivkind sagen?

Leben bereits Kinder in Ihrer Familie und Sie wollen noch ein Kind adoptieren, sollten Sie sie aktiv in die Vorüberlegungen einbeziehen. Nehmen Sie sich die Zeit und sprechen Sie ausführlich mit Ihren Kindern über Ihre Absichten. Warum wünschen Sie und Ihr Partner sich noch ein Kind, und warum soll es ein verlassenes Kind sein? Freuen sich die Kinder auf ein Geschwisterchen? Wenn nicht, was befürchten sie? Was wissen die Kinder bereits über Adoptionen – vielleicht haben sie ein Vorurteil aufgeschnappt, das Sie entkräften können. In jedem Fall kann es passieren, dass sich Ihre (eigenen) Kinder benachteiligt vorkommen, wenn ein Adoptivkind in die Familie aufgenommen werden soll, und Liebesentzug fürchten. Dieser Konflikt und die Kraft, die Sie für die Eingewöhnung eines Adoptivkindes benötigen, können Sie leicht an den Rand der Belastbarkeit bringen. Kinderlosigkeit ist keine Voraussetzung für eine Adoption. Allerdings kann es – abhängig vom Einzelfall – nötig oder wünschenswert sein, dass Adoptivkinder in eine kinderlose Familie kommen. Wenn von vornherein zu befürchten ist, dass sich ein Adoptivkind nicht in eine Familie mit bereits vorhandenen (vor allem leiblichen) Kindern integrieren kann, wird aus Gründen des Kindeswohls sicher eine kinderlose Familie bevorzugt.

Es ist in jedem Fall zu empfehlen, dass das zu vermittelnde Adoptivkind das jüngste Kind der Familie ist.

Und wenn doch noch ein eigenes Kind geboren wird?

Obwohl in den meisten Fällen die Unfruchtbarkeit eines Partners und daraus folgend die Kinderlosigkeit Hauptgrund für Adoptionen sind: Man soll nie nie sagen. Wird in eine Adoptivfamilie doch noch ein leibliches Kind geboren, kann es zu ernsten Problemen kommen: Die Eltern, die sich bereits mit der eigenen (biologischen) Kinderlosigkeit abgefunden hatten, freuen sich so auf das eigene Kind, dass das adoptierte unter

Umständen in den Hintergrund rückt. Was sich in diesem Fall in dem Adoptivkind abspielt, ist leicht vorstellbar: Minderwertigkeitsgefühle und alte Wunden, die vielleicht gerade verheilt waren, platzen wieder auf.
Das Adoptivkind wird das »Neue« als Konkurrenten empfinden. Und zwar in der Regel heftiger, als ältere Geschwister ohnehin auf Familienzuwachs reagieren.

Warum überhaupt ein Kind oder: Ist ein Leben ohne Kind denkbar?

Mit dieser Frage sollten Sie sich auseinandersetzen, wenn Sie keine eigenen Kinder bekommen können und dies der Hauptgrund für eine Adoption ist. So groß die Trauer über ein fehlendes eigenes Kind auch sein mag, nicht immer ist ein Adoptivkind die richtige Alternative. Nämlich dann, wenn ein solches Kind nur die Lücke schließen soll, die der ausbleibende Nachwuchs gerissen hat. Zumindest scheint es sinnvoll, bei einer Adoption mit dem Gedanken an biologischen Nachwuchs vollkommen abgeschlossen zu haben. Wenn Sie immer noch Hoffnung haben – und quasi »zweigleisig« fahren (Adoption versuchen und gleichzeitig medizinisch in Behandlung bleiben) –, laufen Sie Gefahr, die Adoption halbherzig zu betreiben und sie am Ende zu bereuen.

Keineswegs darf man von einem Kind erwarten, dass es das »Lebensglück« oder den »Lebenssinn« gewährleistet.

Und wie fühlt sich der Gedanke an, ein Leben ohne Kinder zu verbringen? Da es sehr viel mehr adoptionswillige Paare als Adoptivkinder gibt, müssen Sie stets mit der Möglichkeit rechnen, kein Kind adoptieren zu können. Welche Hoffnungen und Wünsche verbinden Sie mit einem Kind? Kann ein Kind – zumal ein Adoptivkind – diese Wünsche überhaupt erfüllen?
Wer jahrelang auf ein Kind wartet, baut unter Umständen idealisierte Vorstellungen von einem Leben mit Kindern auf. Natürlich geben Kinder dem eigenen Leben einen Sinn – aber sie sind

auch anstrengend, machen Probleme, entwickeln sich nicht nach den Vorstellungen der Eltern und sind nicht immer zärtlich und dankbar.

Auch mit den allerbesten Vorsätzen ist Kindererziehung eine langwierige und komplizierte Sache, deren Ergebnis vollkommen offen ist. Bei einem adoptierten Kind gestaltet sich dieser Prozess mit Sicherheit noch komplizierter als ohnehin schon. Und: Es gibt sehr viele andere Dinge, die das Leben mit Sinn erfüllen können – eine neue berufliche Entwicklung, eine ausgefüllte Partnerschaft, Freunde, ein schönes Heim. Auch daran sollten Sie denken.

Ist uns klar, dass eine Adoption für immer ist?

Wenn Sie sich in der Übergangszeit den Anforderungen nicht gewachsen fühlen, ist Umkehren noch weniger schmerzlich als ein späteres Scheitern.

Im Gegensatz zur Pflege – wir sind bereits kurz darauf eingegangen, siehe Seite 26 ff. – ist die Entscheidung für ein Adoptivkind eine endgültige, wie es die für ein eigenes Kind sein sollte. Nach einer Übergangszeit – der Adoptionspflege – müssen Sie sich definitiv und lebenslang für das Kind entscheiden – oder dagegen. Wenn die Adoption vom Familiengericht ausgesprochen und damit rechtsgültig ist, bekommt das Kind die gleichen Rechte wie ein leibliches. Es ist in den Augen des Gesetzes – und hoffentlich auch in Ihren – von nun an Ihr Kind.

Eine endgültige Entscheidung

Da Minderjährige immer der so genannten Volladoption unterliegen, werden sie sowohl vollständig aus ihren alten Familienverhältnissen herausgelöst als auch vollständig in die neuen Familienverhältnisse eingegliedert. Alle Rechte und Pflichten gehen auf die neue Familie über (Ausnahme davon: die Stiefkind- bzw. Verwandtschaftsadoption, da das Kind hier in seiner bisherigen Familie verbleibt, siehe Seite 35 ff.). Eine Rückkehr in die Herkunftsfamilie ist nicht möglich. Aus diesen Gründen macht es der Gesetzgeber sehr schwer, eine Adoption rückgängig zu machen. Das Kind stünde dann vor einer noch schwierigeren Lebenssituation als vorher.

Anders sieht es aus, wenn das Jugendamt entscheidet, dass die Adoption zum Schutz des Kindes aufgehoben werden muss. Interessen der Adoptiveltern spielen dabei keine Rolle, sondern nur das Wohl des Kindes (§ 1763 BGB). Die Gründe müssen äußerst schwerwiegend sein, etwa sexueller Missbrauch des Kindes oder schwere Gewalt gegen ein anderes Familienmitglied.

> *Wichtig:* »Normale« Erziehungsdefizite oder Scheidung der Eltern rechtfertigen laut Gesetz keine Aufhebung der Adoption, sondern rufen nur das Jugendamt oder andere Stellen auf den Plan. Die Elternschaft bleibt in diesen Fällen in der Regel erhalten.

Können wir mit dem Gedanken leben, dass ein größeres Adoptivkind in der Regel bereits seelische Verletzungen erlitten hat?

Kinder, die zur Adoption freigegeben werden, fühlen sich oftmals wertlos. Unabhängig vom Alter – vom Kleinkindalter einmal abgesehen – stellen sie sich in irgendeiner Form die Frage, warum sie bei ihren Eltern unerwünscht waren und abgegeben wurden. Sie suchen die Schuld nicht bei den Eltern oder ungünstigen Umständen, sondern bei sich selbst. »Wenn mich die Mama nicht gewollt hat, muss ich wohl böse sein«, lautet sinngemäß die Schlussfolgerung. Und es bleibt das diffuse Gefühl: »Irgendetwas stimmt mit mir nicht.« Auch dann, wenn die Schuld bei den Eltern vermutet wird, drängt sich für das Kind

Das Ergebnis einer Trennung – egal in welchem Alter – ist ein Trauma und führt häufig zu Verhaltensstörungen beim Kind.

die Schlussfolgerung auf, dass ein Kind solch schlechter Eltern wohl auch nichts wert sein kann.

Ein Adoptivkind hat also meist unter schweren Beeinträchtigungen des Selbstwertgefühls zu leiden, die sich in unterschiedlichen Verhaltensstörungen zeigen können. Möglich sind

- Wut,
- Hass auf die Adoptivmutter, der eigentlich an die Adresse der leiblichen Mutter geht,
- Vermeiden von Beziehungen,
- vollkommene Unterwerfung unter die Adoptiveltern,
- Aggressionen,
- der Wunsch, klein zu bleiben, und zum Beispiel nicht lesen und schreiben zu lernen,
- Grenzen austesten durch besonders aufsässiges Verhalten,
- Größenwahnsinn, um die Verletzungen zu kaschieren, und vieles mehr.

Die Verarbeitung der Trennungserfahrung kann sich beim Kind auf verschiedene Weise bemerkbar machen.

Noch schlimmer als diese Verhaltensauffälligkeiten kann sich der Verlust des so genannten Urvertrauens auf die Entwicklung des Kindes auswirken. Kinder, die im ersten Lebensjahr ihre Bezugsperson – meist die Mutter – verlieren, empfinden dies nicht als Verlust einer Person, sondern als Verlust ihres gesamten Daseins.

Das Kind selbst, die Mutter und die Welt sind in dieser frühen Lebensphase im Prinzip identisch. Geht die Mutter verloren, gerät das Kind in einen luftleeren Raum ohne Möglichkeit, sich an etwas Vertrautem zu orientieren. Das Vertrauen, dass die Welt in Ordnung, das heißt die Mutter in der Nähe ist, geht verloren.

Haben wir genaue Vorstellungen von unserem Adoptivkind?

Die sollten Sie lieber nicht haben, denn erstens gibt es keine Wunschkinder und zweitens sollten Sie nicht so sehr Ihre eige-

nen Wünsche in den Vordergrund stellen, sondern die Bedürfnisse der Kinder, die auf Eltern warten. Und das sind nun einmal zu einem Großteil keine Neugeborenen, nicht einmal Kinder unter drei Jahren.
Sondern es sind Kinder, die die Trennung von ihren Eltern bewusst erlebt, die vielleicht schon in mehreren Pflegefamilien gelebt und Heimaufenthalte hinter sich gebracht haben.

> *Wichtig:* Es sind meist ältere Kinder, die eine eigene, oft verletzte Persönlichkeit besitzen und nicht mehr so leicht formbar sind wie Säuglinge. Denken Sie daran: Sie haben zwar die ersten prägenden Jahre des Kindes nicht miterlebt und können eine hässliche Vergangenheit auch nicht ungeschehen machen. Aber Sie können ihm eine bessere Zukunft bieten. Eine Perspektive, die es ohne Sie vielleicht nicht hätte, da es als Sechs- oder gar Achtjähriges kaum noch eine Chance auf Vermittlung hat.

Kommt für uns eine Auslandsadoption infrage?

Auslandsadoptionen sind nicht leichter als inländische, und auch hier warten vor allem ältere und kranke Kinder, die zu Hause gar keine Chance mehr haben, auf neue Eltern.
Die ersten Auslandsadoptionen gab es vor etwa 30 Jahren, als vietnamesische Kinder aus dem Inferno des Krieges herausgebracht werden mussten. In den folgenden Jahren wandelte sich allerdings die Motivation. Es geht heute vielfach weniger darum, Kinder aus Krisengebieten zu retten, als darum, deutschen Paaren ihren Kinderwunsch zu erfüllen.
Aus einer Hilfsaktion für bedürftige Kinder ist, so klagt die Kinderhilfsorganisation Terres des Hommes, zunehmend eine Hilfe für unfruchtbare Paare geworden.

Ausländische Adoptivkinder benötigen, noch dazu wenn sie aus einer vollkommen anderen Kultur nach Europa kommen, besondere Zuwendung. Da man ihnen ihre fremdländische Herkunft ansieht, brauchen sie Eltern, die ihnen beim Überwinden der kulturellen Kluft helfen.

Auf diese Aufgabe und die damit verbundenen Risiken sind Paare mit Kinderwunsch und dem Glauben, bei einer Auslandsadoption nebenbei noch etwas Gutes zu tun, meist nicht vorbereitet – oft mit gravierenden Folgen für die Kinder, die sich letztlich in keiner Kultur zu Hause fühlen.

Eine wichtige Voraussetzung dafür, dass sich das Kind seine neue Umgebung erschließen und Kontakte knüpfen kann, ist die schnelle Ausbildung der Sprachkompetenz. Bei Säuglingen ist dies kein Problem, bei älteren Kindern sollte allerdings gezielt daran gearbeitet werden. Da Kinder in aller Regel aber sehr schnell eine neue Sprache lernen – vor allem im Alltag, indem man sehr viel mit dem Kind spricht –, ist dies keine unüberwindbare Hürde.

> **Ausländische Adoptivkinder in Europa …**
>
> … werden dreimal so häufig wie andere Kinder psychisch krank, werden fünfmal so oft drogenabhängig, haben ein viermal höheres Risiko, einen Selbstmordversuch zu unternehmen, werden doppelt so oft kriminell. Der Lebensweg ausländischer Adoptierter in Europa ist also alles andere als rosig.
> *(Nach einer schwedischen Studie aus dem Jahr 2002, bei der mehr als 11.000 Adoptivkinder befragt wurden, die zwischen 1970 und 1979 in Lateinamerika oder Asien geboren wurden und von denen drei Viertel im Alter von unter zwei Jahren adoptiert worden waren.)*

Können wir ertragen, dass das Kind immer Kind der leiblichen Eltern bleibt?

Eigentlich ist alles so einfach: Hier ein Kind, das Eltern sucht, dort Eltern, die einem Kind ein Zuhause geben möchten. Wenn, ja wenn da nicht die leiblichen Eltern wären. Irgendwie stören sie die Zweisamkeit.

Doch die leiblichen Eltern darf man nicht einfach negieren. Es ist für das Kind bedeutsam, von wem es abstammt. Was immer die Herkunftseltern ihrem Kind angetan oder an ihm versäumt haben: Sie bleiben Eltern. Schon aus diesem Grund sollte man Eltern, die ihr Kind abgeben, nicht von vornherein mit Ablehnung begegnen. Hinzu kommt, dass Vorverurteilungen den wirklichen Umständen meist nicht gerecht werden. Denn viele Eltern und vor allem junge Mütter geben ihre Kinder in einer echten Notsituation und keineswegs gern frei. Vielfältige Gründe können eine Mutter so weit unter Druck setzen und überfordern, dass sie keinen anderen Ausweg mehr sieht bzw. einsieht, dass eine Adoption für ihr Kind der bessere Weg ist. So zum Beispiel

- ungewollte frühe Schwangerschaft, ohne Partner, der für das Kind sorgen kann,
- Eltern junger Mütter, die Druck ausüben, bzw. fehlende Unterstützung durch die Eltern bei sehr jungen Müttern,
- die Mutter befindet sich noch in der Ausbildung und sieht keine Möglichkeit, beides unter einen Hut zu bekommen,
- fehlende soziale Reife der Mutter bzw. Unfähigkeit, selbst vollwertig für ein Kind zu sorgen,
- der Wunsch der alleinstehenden Mutter, dass das Kind in einer richtigen Familie aufwächst,
- Mütter, die aus moralischen oder religiösen Gründen nicht abtreiben wollen, das Kind aber dennoch nicht behalten können,
- die Ablehnung des Vaters (etwa wegen einer Vergewaltigung), die sich auf das Kind überträgt,

Für ein Adoptivkind ist seine Herkunftsfamilie von großer Bedeutung und wichtig für die Identitätsfindung.

- Mütter, die sich mit der Erziehung eines behinderten Kindes überfordert sehen,
- Mütter, die drogenabhängig sind oder als Prostituierte arbeiten.

Meistens kommen mehrere Gründe zusammen, die eine ausweglose Situation ergeben. Und auch dann, wenn Eltern oder Mütter nicht mehr weiterwissen, wird durch Beratungen beim Jugendamt verhindert, dass sie leichtfertig und vorschnell ihr Kind freigeben. Nur etwa ein Viertel aller Kinder, deren Eltern eine Beratung aufsuchen, werden schließlich zur Adoption freigegeben. Man darf also davon ausgehen, dass sich niemand – weder die Eltern noch die Vermittlungsstelle – die Entscheidung leicht gemacht hat.

Adoptiveltern sollten die Fragen des Kindes nach seinen leiblichen Eltern so gut sie können beantworten.

Die Wünsche des Kindes, über die Eltern zu sprechen, Bilder von ihnen zu sehen, sich mit ihnen zu vergleichen und sie schließlich kennen zu lernen, sind ganz natürlich und richten sich nicht gegen Sie als Adoptiveltern. Zumindest nicht ursächlich. Ursächlich ist vielmehr das verständliche Bedürfnis, die Wurzeln der eigenen Identität kennen zu lernen.

Wenn Sie mit diesem Bedürfnis verständnisvoll umgehen, muss sich aus der Dreiecksbeziehung des Kindes zu Ihnen und zu seinen leiblichen Eltern kein Bruch ergeben.

Brüche ergeben sich vielmehr, wenn Eltern die Existenz von »anderen« Eltern zu lange verschweigen (siehe Seite 124).

Können wir Dankbarkeit von einem Adoptivkind erwarten, weil wir es »gerettet« haben?

Gegenfrage: Erwarten Sie von einem leiblichen Kind Dankbarkeit dafür, dass Sie ihm ein Zuhause geben? Natürlich nicht, denn Fürsorge ist Elternpflicht. Und da Adoptiveltern sich ganz bewusst für die Elternschaft entschieden haben, entscheiden sie sich auch ganz bewusst für Elternpflichten. Die Erwartung, dass sich ein Kind dankbar für die Fürsorge erweist (wie eigentlich?), die es erhält, trübt vollkommen den Blick für die Realität. Adoptivkinder reagieren im Gegenteil oftmals scheinbar alles andere als dankbar. Ein Kind ist vielleicht in sich zurückgezogen und weicht allen Bemühungen aus, ein anderes ist vielleicht aggressiv und wütend, weil es sich weniger wertvoll oder anders als ein »richtiges« Kind vorkommt.

Das alles sollten Sie vorher wissen, insbesondere bei Kindern aus der Dritten Welt oder aus Krisengebieten. Aber natürlich müssen Sie trotzdem nicht auf »Lohn« für Ihre Familienarbeit verzichten. Denn wenn das Kind vielleicht nach langer Zeit zum ersten Mal »Mutti« und »Vati« zu Ihnen sagt oder auf andere Weise seine Zuneigung äußert, wenn es sich entwickelt und zufrieden ist, dann ist das wahrscheinlich ein schönerer Lohn als demütige Dankbarkeit.

Analysieren Sie bitte ganz genau, ob diese gewünschte Dankbarkeit ein wichtiges Motiv für eine Adoption ist und was eventuell dahinter steckt. Vielfach sind es doch recht egoistische Gründe oder Defizite im persönlichen Leben – etwa, dass man sich nicht vollwertig fühlt ohne Kind – , die für eine Adoption sprechen. Das alles ist zwar verständlich, aber es sind die denkbar schlechtesten Voraussetzungen, um ein Kind aufzunehmen. Ein Kind, von dem Dankbarkeit erwartet wird, muss zwangsläufig unter enormem Druck stehen. Und das, obwohl es ja nichts dafür kann, dass es zur Adoption freigegeben und von neuen Eltern adoptiert wurde. Ganz unpassend ist es, sich ein Kind – vielleicht sogar aus der Dritten Welt – »anzuschaffen«, um als Wohltäter gefeiert zu werden. Madonna hat das im Jahr 2006 auf sehr unangenehme Weise in der Öffentlichkeit getan, als sie ihren Sohn David aus Malawi adoptierte. Dieser »Madonna-Effekt« hat nichts mit dem eigentlichen Adoptions-Gedanken gemein und führt zu dem dazu, dass in armen Ländern Kinder zur Adoption freigegeben werden, die gar keine Waisen sind.

Checkliste: Das sollte uns vor einer Adoption klar sein

- Als Ehepaar müssen wir die Adoption beide wollen.
- Wir sollten kein Wunschkind erhoffen.
- Wir sollten eigene Kinder in die Adoption einbeziehen.
- Wir sind uns sicher, dass ein Leben ohne Kind undenkbar ist.
- Uns ist klar, dass eine Adoption endgültig ist.
- Wir wissen, dass Adoptivkinder seelische und körperliche Schäden haben können.
- Wir akzeptieren, dass Adoptivkinder auch zu ihren leiblichen Eltern gehören.
- Wir wissen, dass Auslandsadoptionen mindestens so kompliziert sind wie inländische.
- Wir erwarten keine Dankbarkeit vom Adoptivkind.
- Uns ist klar, dass auf eine Adoptivfamilie außergewöhnliche Belastungen zukommen.

Freigabe zur Adoption

Mütter, die ihr Kind zur Adoption freigeben, sind keineswegs Rabenmütter, die ihr Kind aus egoistischen Gründen nicht wollen. Oft ist genau das Gegenteil der Fall – die Mütter wollen ihrem Kind das Aufwachsen in einer heilen Familie ermöglichen, was sie ihm selbst nicht bieten können. Es sind oft junge Frauen, die in einer verzweifelten, ausweglosen Situation allein gelassen wurden und denen es aus ihrer Sicht am besten erscheint – für ihr Kind wie für sich selbst –, in eine Adoption einzuwilligen. Doch auch ältere Frauen, die in einer schwierigen Lebenslage ein weiteres Kind bekommen, können sich so allein und überfordert fühlen, dass sie keinen Ausweg sehen.

Adoption – der letzte Ausweg?

Mehr als alle Erklärungsversuche können die Lebensgeschichten von Müttern deutlich machen, warum sie sich für die Freigabe ihres Kindes entscheiden und wie sie mit dieser Entscheidung leben. Hier ist die Geschichte von Nicole, die ihre Tochter zur Adoption freigegeben hat:

Mütter, die ihr Kind zur Adoption freigeben, sind meist in einer verzweifelten Situation und nicht in der Lage, selbst so für ihr Kind zu sorgen, wie sie es selbst für erstrebenswert halten.

»*Ich habe meine Tochter 1991 zur Adoption freigegeben. Ich war 13 Jahre jung, als ich schwanger wurde, und mit 14 habe ich meine Tochter zur Welt gebracht. Ich wusste nicht, was mit meinem Körper geschieht, ich dachte nur, oh nein, das kann es nicht sein. Ich war sehr unerfahren. Da das alles kurz nach der Wende geschah, gab es für mich und meine Eltern keinen anderen Ausweg, als mein Kind zur Adoption freizugeben, denn meine Eltern hatten selber keine Arbeit, und mein kleiner Bruder war auch noch da.*
Als es ins Krankenhaus ging, habe ich nur noch geweint, weil ich wusste, ich werde mein Kind NIE sehen können. Als ich entbunden hatte, wurde mir meine Tochter auch gleich weggenommen. Ich habe geschrien, ich wollte sie bei mir haben. Ich habe gekämpft mit meinen Gefühlen und das tue ich heute noch immer. Ich wollte sie NIE weggeben! Als ich aus dem Krankenhaus entlassen wurde, ging es mit mir bergab, ich wollte mit keinem etwas zu tun haben, sondern nur mein Kind haben. Ich wusste aber, dass ich es nie wieder bekommen würde.
Mir wurde schriftlich zugesandt, dass meine Tochter von ihren Adoptiveltern aus dem Krankenhaus abgeholt worden war. Da wurde mir so richtig bewusst, was ich getan hatte.
Ich wusste, ab jetzt ist sie für immer unerreichbar. Ich kannte zwar ihren Namen, denn den durfte ich ihr geben. Aber sonst …
Ich denke immer an meine Kleine. In den Jahren danach habe ich an meiner Karriere gebastelt und mir mein eigenes Leben aufgebaut. Ich bin jetzt stellvertretende Marktleiterin.

Eines Tages machte ich meinen Briefkasten auf ... Es war zwei Wochen vor Weihnachten, und da lag ein Brief vom Jugendamt drin, in dem ich zu einem Gespräch eingeladen wurde. Ich bin fast zusammengebrochen. Als der Tag endlich kam – ich konnte nicht alleine gehen, mein Freund hat mich begleitet –, war ich so nervös, es war Wahnsinn. Bei dem Gespräch stellte sich heraus, dass meine Tochter zu Weihnachten eine Unterschrift von mir wollte, als Beweis, dass es mich auch wirklich gibt... Das war ihr Wunsch! Ich habe ihr diesen Wunsch natürlich erfüllt. Dann gab mir die Frau vom Jugendamt ein Foto von ihr. Ich brach in Tränen aus. Ich konnte es nicht glauben: Sie ist mir wie aus dem Gesicht geschnitten.
Ich habe ihr ein Paket zu Weihnachten geschickt, und sie wollte dann auch ein Foto von mir haben. Ich bin schnell zum Fotografen gegangen, um ihr auch diesen Wunsch zu erfüllen. Nun schreiben wir uns regelmäßig, und ich bin stolz, solch eine tolle Tochter zu haben. Ich bin auch sehr froh, dass sie solche Adoptiveltern bekommen hat, die sie sehr früh über alles aufgeklärt haben. Ich liebe meine Tochter und möchte sie bald in meinen Arm nehmen können. Das ist mein größter Wunsch.«

Die Entscheidung zur Adoptionsfreigabe

Die Entscheidung, ein Kind zur Adoption zu geben, ist die weitest reichende Entscheidung und sollte die letztmögliche Überlegung sein. In der schwierigen Lebensphase, in der sich Schwangere und Mütter mit Adoptionsgedanken befinden, brauchen sie vor allem zweierlei: Zeit und Unterstützung. Daher sollte sich keine Frau drängen lassen, ihr Kind möglichst schnell nach der Geburt wegzugeben.
Nicht umsonst hat der Gesetzgeber eine Mindestfrist von acht Wochen nach der Geburt des Kindes gesetzt. Vorher ist keine Adoption möglich! Und die Frist kann von der Mutter erweitert

Die Freigabe des Kindes zur Adoption ist nie eine leichte Entscheidung.

werden, wenn sie noch Zweifel hat. Gefühle und Gedanken, die in dieser oft panisch erlebten Situation ausgeblendet werden, um die Krise zu überleben, kommen in einer späteren Lebensphase garantiert zurück. Statt ein Kind vorschnell wegzugeben, was man später bestimmt bereut, sollte alles unternommen werden, um die Krise zu bewältigen.

Die Rolle der Väter bei der Adoptionsfreigabe

Wenn der Vater in der Schwangerschaft und nach der Entbindung nicht zur Mutter steht, kann das Auslöser für eine Adoptionsfreigabe sein oder neben anderen ungünstigen Bedingungen zur Lebenskrise beitragen. Der Gedanke, ein Kind ganz allein – womöglich auch ohne Hilfe der Familie – großziehen zu müssen, überfordert manche Frauen. Trotzdem: Auch wenn Frauen vom Vater ihres Kindes enttäuscht und verletzt wurden und sie ihn aus nachvollziehbaren Gründen am liebsten ganz aus ihrem Leben streichen wollen – im Leben des Kindes hat er eine Bedeutung. Kinder fordern später Informationen über Mutter und Vater ein. Selbst wenn der Kontakt zur leiblichen Mutter über die Jahre gehalten wurde, wollen sie irgendwann die ganze Wahrheit wissen. Dann ist es gut, wenn die Mutter über die knappen Fakten hinaus etwas zum Vater sagen kann. Zu wissen, dass man wie alle anderen Menschen Mutter und Vater hat, ist überdies eine große Erleichterung für das Kind: Es fühlt sich verbunden mit seinem Ursprung und weiß, wo es herkommt. Wenn es nicht zu einer offenen Adoption mit Kontaktmöglichkeiten kommt, hilft es, bei der Adoptionsvermittlungsstelle einen Brief zu hinterlegen. Hier können Mütter (und natürlich auch Väter!) über sich selbst berichten, über das Verhältnis zum anderen Elternteil, über Schwangerschaft und Geburt, über die gemeinsam verbrachte Zeit, über die Familie und Geschwister des Kindes und alles, was wichtig erscheint. Auch Fotos können

In sehr vielen Fällen ist die fehlende Unterstützung durch den Vater mit ausschlaggebend für eine Adoption.

beigelegt werden, sodass Kinder nicht völlig im Dunkeln über ihre Identität tappen.
Diesem Wunsch vieler Adoptierter nach Wissen über die eigene Herkunft wird mit dem Kindschaftsrecht, wie es 1998 in Kraft getreten ist, Rechnung getragen. Es geht davon aus, dass es in der Regel zum Wohl des Kindes gehört, Umgang mit beiden Eltern zu haben.
Es formuliert ein eigenes Recht des Kindes, Kontakt mit jedem Elternteil, mit Großeltern und Geschwistern zu haben, wenn dies dem Wohl des Kindes dient. Auch die Rechte der nicht ehelichen Väter wurden gestärkt. So muss ebenso wie die Mutter auch der Vater in eine Adoption einwilligen.

Die anonyme Geburt

Jährlich werden in Deutschland rund 40 bis 50 Neugeborene ausgesetzt, von denen nur die Hälfte überlebt. Außerdem werden rund 20 Kinder kurz nach der Geburt von ihren Müttern getötet.
Viele dieser Frauen verdrängen und verheimlichen ihre ungewollte Schwangerschaft vor der Umgebung und sogar vor sich selbst. Kommt es dann zur Geburt, sind der Schock und die Panik so groß, dass sie vollkommen verstört mit Aussetzen oder gar Töten reagieren. Da diese Frauen die Tatsache ihrer Schwangerschaft ignorieren, sind sie auch nicht für Beratungsangebote empfänglich. Für Frauen in dieser verzweifelten Situation ist das Angebot der anonymen Geburt gedacht.
Anonyme Geburt bedeutet, dass Frauen ihr Kind entweder nach der – meist unsachgemäßen und ohne Hilfe erlebten – Geburt in einer so genannten Babyklappe ablegen oder, und dies scheint die bessere Variante zu sein, ihr Kind ohne Preisgabe der Personalien in einer Klinik unter menschenwürdigen Bedingungen und medizinisch betreut zur Welt bringen können. Während

Anonyme Geburt bedeutet, dass Schwangere ohne Angaben ihrer Personalien in einer Klinik entbinden können.

Babyklappen schon an mehr als 40 verschiedenen Standorten in Deutschland installiert wurden, ist eine anonyme Entbindung im Krankenhaus oder unter Mithilfe einer Hebamme immer noch problematisch, da Hebammen und Ärzte nach dem Personenstandsgesetz bislang verpflichtet sind, eine Geburt unter Angabe der Personalien der Mutter beim zuständigen Standesamt zu melden.

Eine fragwürdige Alternative?

Die anonyme Geburt ist ein sehr stark diskutiertes Thema in Expertenkreisen.

Das Thema der anonymen Geburt wird von Experten außerordentlich kontrovers diskutiert. Denn es ist keineswegs nachgewiesen oder in irgendeiner Weise belegt, dass wirklich die Frauen ihr Kind anonym zur Welt bringen, die es sonst ausgesetzt oder getötet hätten.

Anders gesagt: Es ist möglich, dass durch das Angebot zur anonymen Geburt vor allem Mütter angesprochen werden, die zwar große, vielleicht sogar existenzielle Probleme haben, ihr Kind aber niemals ausgesetzt oder getötet hätten, zum Beispiel Frauen, die ungewollt schwanger sind und von jemandem in ihrer Umgebung zur anonymen Geburt gedrängt werden, oder Frauen, die ihre Schwangerschaft zu spät bemerkt haben, sodass ein Abbruch nicht mehr in Frage kommt, oder Frauen, die illegal in Deutschland leben, sowie drogenabhängige Frauen und Prostituierte.

Das zweite große Problem sehen Adoptionsexperten im Folgenden: Anonym geborene Kinder wachsen in vollkommener Unkenntnis ihrer Herkunft auf und haben meist keine Chance, etwas darüber zu erfahren.

Zudem müssen Mütter, die anonym gebären, auf die Hilfe verzichten, die ihnen vor und während der Adoption zur Verfügung steht und die sie nicht selten zu der Überzeugung bringt, ihr Kind doch selbst großzuziehen.

Können die leiblichen Eltern mit ihrem Kind in Kontakt bleiben?

Ein Kind wegzugeben ist eine schwere, schmerzvolle Entscheidung. Dies zu ignorieren hieße, den abgebenden Eltern Unrecht zu tun und ihre ohnehin schwere Lage noch zu verschlimmern. Eltern – und vor allem Mütter – leiden in aller Regel ein Leben lang. Der Gedanke, das Kind unter Umständen nie wiederzusehen, verstärkt die Schuldgefühle und den Kummer zusätzlich. Daher haben abgebende Eltern das Recht, alle Informationen über die künftige Adoptivfamilie zu erhalten, damit sie ihre Entscheidung zumindest mit dem Gefühl treffen können, das Beste für ihr Kind getan zu haben.
Obwohl nach Auskunft der Gemeinsamen Zentralen Adoptionsstelle der Bundesländer Hamburg, Schleswig-Holstein, Niedersachsen und Bremen (GZA) in Deutschland immer noch

> *Wichtig:* Einklagbar ist die Einhaltung von Vereinbarungen gegenüber den Adoptiveltern allerdings nicht, wenn die notarielle Einverständniserklärung gegeben wurde. Daher sollten Eltern vorbeugend bei der Adoptionsvermittlung eine Einverständniserklärung hinterlegen, dass Kinder spätestens ab ihrer Volljährigkeit Kontakt zu ihnen aufnehmen dürfen. Bei Inkognito-Adoptionen kann auch der oben erwähnte Lebensbrief (siehe Seite 58) mit möglichst vielen Informationen eine Hilfe für Eltern und Kinder sein.
> Auch wenn der Wunsch, am Leben des Kindes teilzuhaben, erst einige Zeit nach der Adoption auftaucht, lohnt es sich, deswegen Kontakt mit der Vermittlungsstelle aufzunehmen. Letztlich ist es in den meisten Fällen auch im Interesse der Kinder, möglichst viel von den leiblichen Eltern zu wissen.

überwiegend »inkognito« adoptiert wird, nimmt die Zahl der offenen und halboffenen Formen zu. Das heißt, dass die Eltern den Namen und die Adresse der künftigen Adoptiveltern erfahren und sie persönlich kennen lernen können (Näheres dazu finden Sie auf Seite 87 ff.).

> »Offene Adoption« ist ein Sammelbegriff für eine Vielzahl von Adoptionsformen, die sich hinsichtlich des Grades der Intensität von Kontakten zwischen leiblichen Eltern und Adoptiveltern unterscheiden. Bei schwächeren Formen wird das Inkognito der Adoptiveltern aufrechterhalten; bei stärkeren verzichten diese auf ihr im BGB begründetes Recht auf Anonymität. Immer können aber Adoptiveltern den Umgang des Kindes bestimmen, also z. B. bei negativen Auswirkungen jegliche Beziehung zu den leiblichen Eltern unterbinden.
>
> Allerdings führt fehlende Kenntnis über die Entwicklung des abgegebenen Kindes bei Eltern häufig zu schweren psychischen und psychosomatischen Störungen. Zudem besteht die Gefahr, dass Adoptiveltern bei Inkognito-Adoptionen die mangelnde Aufklärung über die Vorgeschichte ihrer Kinder – bewusst oder unbewusst – dazu nutzen, einem normalen Umgang mit dem Thema Adoption aus dem Weg zu gehen und das Kind als »Besitz« zu betrachten. Eine Tabuisierung führt dazu, dass Kinder in einer Atmosphäre der Geheimnistuerei mit adoptionsbezogenen Problemen alleingelassen werden und schwere Identitätskonflikte entwickeln. Daraus folgt, dass sich die drei Seiten des »Adoptionsdreiecks« gedanklich intensiv miteinander beschäftigen und möglichst wenige unbekannte Größen in dieser ohnehin schwierigen Beziehung bleiben.

Der Ablauf eines Adoptionsverfahrens

Die Phase der inneren Vorbereitung auf eine Adoption sollte nicht unter zeitlichem oder seelischem Druck stattfinden. Wichtig ist, sich vorab viele Informationen zu beschaffen, die rechtliche Situation zu kennen und mit möglichst vielen Betroffenen persönlich zu sprechen. Wenn das geschehen ist, der Adoptionsgedanke gereift ist und Gestalt annimmt, führt der nächste Weg zum örtlichen Jugendamt, das die Funktion der Adoptionsvermittlung innehat. Hier erhält man auch die notwendigen Informationen für eine Auslandsadoption. In keinem Fall sollten sich Eltern an Agenturen wenden, die keine staatliche Zulassung besitzen, in der Hoffnung, auf diese Weise schneller ein Kind adoptieren zu können.

Es braucht oftmals Geduld ...

In keinem Fall sollten sich Eltern an Agenturen wenden, die keine staatliche Zulassung besitzen, in der Hoffnung, auf diese Weise schneller ein Kind adoptieren zu können.

Wenn Sie sich nach reiflicher Überlegung entschlossen haben, sich um die Adoption eines Kindes zu bemühen, müssen Sie oftmals noch viel Geduld aufbringen. Rechnen Sie immer damit, dass Sie trotz Eignung als Adoptiveltern viele Jahre auf ein Kind warten müssen oder gar keins bekommen.

Wenn Sie sich in dieser Situation für ein Pflegekind entscheiden, da in der Regel mehr Pflegeeltern gesucht werden und eine Pflegschaft leichter zu erhalten ist, kann das langfristig Probleme mit sich bringen: Sie haben die Pflicht, das Kind mit seinen Herkunftseltern zu teilen, also in Kontakt mit ihnen zu bleiben. Wenn Sie das nicht können, ist eine Pflegschaft keine Alternative für Sie. Auch die Möglichkeit, ein älteres Kind aus einem Heim zu adoptieren, sollten Sie gut überdenken. Zwar ist dies eine edle Tat, aber da der Sinn der Adoption im Entstehen einer Eltern-Kind-Beziehung liegt, reichen soziale Beweggründe nicht aus. Eltern, die sich über Jahre sehnlich einen Säugling wünschen, sind mit der Entscheidung für ein älteres Kind oftmals überfordert.

Erste Voraussetzung: Das Kind ist zur Adoption freigegeben

Eltern und Kinder müssen in die Adoption einwilligen. Kinder, die bereits 14 Jahre alt sind, bekunden ihren Willen selbst, immer bezogen auf eine ganz konkrete Familie. Der gesetzliche Vertreter des Kindes muss allerdings der Einwilligung des Kindes zustimmen. Gesetzliche Vertreter sind – je nach Sachlage – die leiblichen Eltern, die Mutter allein, wenn sie nicht verheiratet ist, Vormund oder Ergänzungspfleger (in der Regel das Jugendamt). Ist das Kind noch keine 14 Jahre alt, so wird unterstellt, dass es die Tragweite einer solchen Willenserklärung noch nicht überschaut. In diesen Fällen – und in der Praxis damit bei den meisten Volladoptionen – kann nur der gesetzliche Vertreter die Einwilligung für das Kind erteilen. Zudem müssen beide Elternteile in die Adoption einwilligen, und zwar seit Inkrafttreten des neuen Kindschaftsrechts 1998, unabhängig davon, ob das Kind ehelich geboren wurde oder nicht, ob die Eltern geschieden sind oder wem das Sorgerecht zugesprochen wurde. Sie fungieren hier nicht als gesetzliche Vertreter, sondern als Elternteil. Das Bundesverfassungsgericht hat durch ein Urteil aus dem Jahr 2005 die Rechte nicht ehelicher Väter gegen Adoptionen durch Stiefväter gestärkt. Demnach sind Adoptionen gegen den Willen der leiblichen Väter nur zulässig, wenn sie für das Kind ganz erhebliche Vorteile haben. Geklagt hatte ein Mann, dessen leiblicher Sohn vom neuen Ehemann der Mutter adoptiert worden war. Die Karlsruher Richter hoben die Adoption auf (Az: 1 BvR 1444/01).

Die Einwilligung der Mutter zur Adoption reicht nicht aus. Auch der – eheliche oder nicht eheliche – Vater hat Einfluss darauf, ob sein Kind freigegeben wird oder nicht.

Einwilligungen von Eltern dürfen frühestens acht Wochen nach der Geburt des Kindes notariell gegeben werden. Zwar darf der eigentliche Vermittlungsprozess schon vorher beginnen, ja sogar schon vor Zeugung und Geburt eines Kindes, und häufig werden Kinder gleich nach der Geburt in die potenzielle Adoptionsfamilie gegeben, um unnötige Heimaufenthalte zu verhindern. Dennoch: Die abschließende und rechtswirksame Freigabe des Kindes an eine bestimmte Familie dürfen Eltern erst nach der achtwöchigen so genannten Schutzfrist geben. Auf diese Weise hat die Mutter bzw. haben die Eltern genügend Spielraum, um eine Entscheidung ohne Zeitdruck treffen zu können. Eine unüberlegte Weggabe unter dem Eindruck von ungewollter Schwangerschaft und Geburtsstress soll verhindert werden. Andererseits sollte aus medizinischer Sicht ein Kind nach Ablauf des zweiten Lebensmonates nicht mehr die Bezugsperson wechseln müssen. Mütter, die mehr Zeit brauchen, sollten sie sich dennoch unbedingt nehmen. Eine vorübergehende Pflege kann dazu beitragen, das eigene Gefühlsleben und das Umfeld zu ordnen, Hilfsangebote anzunehmen und nach Lösungsmöglichkeiten zu suchen. Erst die notarielle Einwilligung bzw. deren Übersendung ans Vormundschaftsgericht macht die Adoption rechtsgültig und unwiderruflich. Ab dem Moment ist zunächst das Jugendamt der Vormund des Kindes, die Eltern verlieren das Recht auf den persönlichen Umgang mit dem Kind. Ihr Sorgerecht ruht. Ungültig wird eine einmal gegebene Einwilligung nur, wenn die dafür ausgewählte Familie ihren Adoptionsantrag zurücknimmt, ihr Antrag rechtskräftig abgelehnt oder das Kind nicht innerhalb von drei Jahren adoptiert wird (§ 1750 BG).

Eine wohlüberlegte Entscheidung

Die Adoptionsstelle befragt die Mutter über ihre Lebensgeschichte, es wird über die Gründe der Adoption gesprochen und die Mutter bekommt Hilfsangebote. Für den weiteren Vermittlungsprozess und die Entwicklung des Kindes ist es wichtig, dass die Adoptionsstelle so viele Informationen wie möglich über die abgebende Mutter sammelt. Vielfach – insbesondere bei Inkognito-Adoptionen – bleibt das auf lange Sicht die einzige Informationsquelle für Adoptivfamilien.

Wenn die Einwilligung gerichtlich ersetzt wird

Bei Härtefällen wird die Einwilligung der Eltern durch das Vormundschaftsgericht ersetzt.

In manchen Fällen kann es notwendig werden, die Einwilligung der Eltern durch das Vormundschaftsgericht zu ersetzen (§ 1748 BGB). Das bedeutet, dass das Kind zur Adoption freigegeben wird, obwohl die Eltern nicht in die Adoption eingewilligt haben. Dies sind allerdings Härtefälle, die unter Beachtung des Kindeswohls nur unter ganz bestimmten Voraussetzungen möglich sind: wenn Eltern ihre Verantwortung schwer missbraucht oder vollständig versagt haben bei der Wahrnehmung ihrer

Verantwortung für das Kind. Die gesetzlichen Formulierungen der Fälle, in denen der Gesetzgeber zu dieser Schutzmaßnahme für ein Kind greifen kann, sind äußerst kompliziert. Als Anhaltspunkte finden Sie hier einige Erklärungen dazu:
In diesen Fällen kann ein Kind gegen den Willen des Elternteils zur Adoption freigegeben werden:

- »... wenn dieser seine Pflichten gegenüber dem Kind anhaltend gröblich verletzt hat ...«: Eltern sind straffällig und gefährden das Kindeswohl; seelische bzw. körperliche Misshandlung; gefährdende häusliche Verwahrlosung und Ähnliches; diese Gefahren müssen über einen längeren Zeitraum und schwerwiegend sein (»einfache« Kindeswohlgefährdung führt nur zum Entzug des Sorgerechts).
- »... oder durch sein Verhalten gezeigt hat, dass ihm das Kind gleichgültig ist ...«: Wenn Eltern über einen Zeitraum von mehreren Monaten keinen Kontakt zu Pflegeeltern oder zum Heim halten und insgesamt die eigenen Interessen über die der Kinder stellen bzw. eindeutig Desinteresse am Wohlergehen des Kindes zeigen; in diesen Fällen müssen Eltern allerdings vom Jugendamt belehrt werden und können auch beraten werden.
- »... wenn die Pflichtverletzung zwar nicht anhaltend, aber besonders schwer ist und das Kind voraussichtlich dauernd nicht mehr der Obhut des Elternteils anvertraut werden kann ...«: Sexueller Missbrauch, Körperverletzung, Entführungsversuch oder ähnliche Straftaten rechtfertigen einen Entzug, wenn die Prognose für die Zukunft solche Delikte nicht ausschließen kann.
- »... wenn er wegen einer besonders schweren psychischen Krankheit oder einer besonders schweren geistigen oder seelischen Behinderung zur Pflege und Erziehung des Kindes dauernd unfähig ist ...«: Die Erkrankung muss sehr schwer und chronisch sein und dazu führen, dass die Elternpflichten nicht wahrgenommen werden können; kann das Kind trotzdem in

Es gibt mehrere Gründe, warum ein Kind gegen den Willen eines Elternteils zur Adoption freigegeben werden kann.

einer Familie – etwa bei Verwandten – aufwachsen, darf die Einwilligung nicht ersetzt werden.
- Verweigern Väter eines unehelich geborenen Kindes, die kein Sorgerecht für ihr Kind haben, ihre Einwilligung zur Adoption, kann die Einwilligung ersetzt werden, »... wenn das Unterbleiben der Annahme dem Kind zu unverhältnismäßigem Nachteil gereichen würde«: Wenn Väter zum Beispiel die Einwilligung nicht erteilen, dem Kind selbst aber auch keine familiäre Perspektive bieten wollen, ist solch ein Nachteil gegeben.

Die Adoptionspflegezeit

Haben Eltern ihre Einwilligung erteilt, tritt das Adoptionsverfahren in eine qualitativ völlig neue Stufe. Das Kind befindet sich zwischen seinen bisherigen und den neuen Eltern in einer Art Schwebezustand. Damit das Adoptionsverfahren ungestört fortgesetzt werden kann, werden Rechte und Pflichten bis zur

Die rechtliche Situation in der Adoptionspflegezeit:
- Die elterliche Sorge ruht, das heißt, das Sorgerecht geht aufs Jugendamt über, falls nicht schon ein Vormund existierte,
- kein Umgang der Eltern mit ihrem Kind,
- Annehmende sind voll, auch finanziell, für das Kind verantwortlich,
- Unterhaltspflicht der Eltern ruht,
- Adoptivpflegekind und leibliche Kinder sind bereits rechtlich gleichgestellt,
- Adoptionsgeheimnis gilt bereits, das heißt, ohne Genehmigung der Adoptiveltern und -kinder dürfen keine Nachforschungen über die Adoption angestellt werden; das dient vor allem dem Schutz des Kindes.

endgültigen Adoptionserklärung – dem so genannten Adoptionsdekret – neu definiert. In der Regel befindet sich das Kind in dieser Zeit in der Adoptionspflege bei seinen neuen Eltern, die zeigen soll, ob die Adoption günstig verläuft und dementsprechend rechtsgültig gemacht werden kann.
Weitere Informationen zur Adoptionspflege finden Sie auf Seite 112 f.

Die rechtlichen Möglichkeiten der Adoption

In der Regel kommen verheiratete Paare als Adoptionsbewerber in Betracht. Daneben gibt es aber noch weitere Varianten, von denen einige bereits an anderer Stelle erwähnt wurden (siehe Seite 33 ff.). Hier noch einmal eine kurze Übersicht:

- Ein Elternteil adoptiert das Kind fremder Eltern: Dies ist nur in Ausnahmefällen möglich, da generell ein Ehepaar ein fremdes Kind nur gemeinschaftlich adoptieren kann. Es kann möglich sein, wenn ein Elternteil zwar das Mindestalter von 25 Jahren hat, das andere aber noch keine 21 Jahre alt ist. Auch dann, wenn das zweite Elternteil nicht geschäftsfähig, also etwa entmündigt oder sein Aufenthalt unbekannt ist, kann ein Elternteil allein adoptieren (§ 1741). Allerdings wird die Adoptionsstelle immer am Einzelfall entscheiden, ob eine solche Adoption im Interesse des Kindes ist. Denkbar ist sie zum Beispiel dann, wenn ein Kind schon lange in einer Pflegefamilie lebt, dessen Vater plötzlich derart erkrankt, dass er das Kind nicht mit adoptieren kann. In diesem Fall wird sicher erwogen, ob die Mutter allein adoptieren kann.
- Ein Ehegatte adoptiert das Kind des anderen Ehegatten (Stiefkindadoption): Dies ist die häufigste Form der Adoption. Vor der Adoption sind Stiefkind und Stiefvater bzw. -mutter nicht verwandt, sondern nur verschwägert. Erst durch die Adoption entstehen Rechtsbeziehungen, wie sie zwischen Eltern und

Zwar haben verheiratete Paare bessere Chancen, ein Kind zu adoptieren, aber es gibt auch Ausnahmen zu der Regel.

Kind üblich sind. Es ist unwichtig, ob es sich bei dem Kind um ein angenommenes, ein eheliches oder nicht eheliches Kind handelt.
- Ein Alleinstehender oder eine Alleinstehende adoptiert das Kind fremder Eltern: Rein rechtlich ist dies möglich, spielt aber in der Praxis keine große Rolle. Ausnahme sind Verwandtschaftsadoptionen: Eine Tante adoptiert als Alleinstehende das Kind ihrer verstorbenen oder kranken Schwester, das Kind bleibt also durch die Adoption in der Geborgenheit der Familie. Auch wenn sich eine sehr gute Freundin der Mutter, mit der das Kind bereits vertraut ist (zum Beispiel die Patentante), um die Adoption bemüht, bestehen berechtigte Chancen.

Die Vermittlungsstelle

Vom Gesetz sind bestimmte personelle und fachliche Anforderungen an Vermittlungsstellen vorgeschrieben.

Es wurde schon mehrfach erwähnt: Adoptionswillige sollten sich keinesfalls auf private Vermittlungsagenturen einlassen, sondern sich an eine in Deutschland zugelassene anerkannte Vermittlungsstelle wenden. Mit der Neufassung des Adoptionsvermittlungsgesetzes (AdVermiG) zum 1.1.2002 hat der Gesetzgeber die personellen und fachlichen Anforderungen, die für die Anerkennung als Adoptionsvermittlungsstelle nachgewiesen werden müssen, deutlich erhöht. Alle Stellen müssen nunmehr über mindestens zwei Vollzeitfachkräfte oder die entsprechende Zahl von Teilzeitfachkräften verfügen, die vorwiegend mit Aufgaben der Adoptionsvermittlung befasst sind. Sie müssen aufgrund ihrer Ausbildung, beruflichen Erfahrung und Persönlichkeit besonders für die Aufgaben der Adoptionsvermittlung geeignet sein. Adoptionsstellen sind zumeist dem örtlichen Jugendamt zugeordnet. Es ist erlaubt, dass sich mehrere Gemeinden zu einer zentralen Adoptionsstelle zusammenschließen, um die Aufgaben zu bündeln. Außer dem Jugendamt sind laut Adoptionsvermittlungsgesetz auch die örtlichen und zentralen Stellen des Diakonischen Werks, des Deutschen Caritasverbandes, der Arbeiterwohlfahrt und der diesen Verbänden angeschlossenen Fachverbände sowie sonstiger Organisationen mit Sitz im Inland berechtigt, wenn die Stellen von der zentralen Adoptionsstelle des Landesjugendamtes als Adoptionsvermittlungsstellen anerkannt worden sind.

Auch in dem Fall, dass ein freier Träger oder eine Auslandsvermittlungsstelle konsultiert wird, wird das Jugendamt in die Adoption eingeschaltet, etwa um vorhandene Informationen über die Bewerber weiterzugeben. Außerdem hat das Jugendamt speziell nach einer ausländischen Adoption noch zwei Jahre lang die Aufgabe, die Familie zu betreuen.

Weitere Zuständigkeitsbereiche der zentralen Adoptionsstellen

- Sie sind die zentrale Behörde auf dem Gebiet der internationalen Adoptionen und Vermittlungsstelle für Kinder aus den Vertragsstaaten des Haager Übereinkommens.
- Sie überprüfen die Vermittelbarkeit von Heimkindern zur Adoption.
- Sie suchen nach Eltern für besonders schwer vermittelbare Kinder (Krankheiten, Vorgeschichte, Alter), unter Umständen bundesweit.
- Sie beraten und unterstützen die örtlichen Vermittlungsstellen bei schwierigen Fällen.
- Sie gewährleisten die Fortbildung der Mitarbeiter der Vermittlungsstellen. Sie sind für die Öffentlichkeitsarbeit verantwortlich.

Wichtig: Inlandsadoptionen werden von den zentralen Adoptionsstellen nicht selbst durchgeführt!

Für die Anerkennung der Adoptionsstellen freier Träger sind die betreffenden Landesjugendämter mit ihren zentralen Adoptionsvermittlungsstellen zuständig. Das gilt sowohl für Inlands- wie für Auslandsadoptionsstellen.

Wenn ein Träger bundesweit zum Beispiel in der Auslandsadoption tätig werden will, werden im Rahmen des Anerkennungsverfahrens die zentralen Adoptionsstellen aller Bundesländer eingeschaltet.

> Es muss gewährleistet sein, dass bei der Adoptionsvermittlung nicht aus der Notlage von Eltern und Kindern Profit geschlagen wird.

Das Anerkennungsverfahren ist sehr umfangreich und beinhaltet das Recht, die Voraussetzungen genau zu prüfen. Das bringt für alle Beteiligten ein hohes Maß an Sicherheit. So muss zum Beispiel der Nachweis erbracht werden, dass die Adoptionsvermittlung nicht zum Zwecke der Gewinnerwirtschaftung durchgeführt wird, sondern Gemeinnützigkeit gewährleistet ist.

Die Vermittlungsstellen der örtlichen Jugendämter und freien Träger bieten nicht nur für Adoptionswillige Hilfe und Beratung. Sie können ebenso aufgesucht werden

- von Menschen, die ein Kind zur Adoption freigeben wollen bzw. sich mit dem Gedanken tragen,
- Menschen, die adoptiert wurden und ihre leiblichen Eltern suchen,
- Menschen, die ein Kind zur Adoption freigegeben haben und auf der Suche nach ihrem Kind sind,
- und von Menschen, die einen Verwandten suchen, der früher zur Adoption freigegeben wurde.

Die Beratung durch die Vermittlungsstelle

Die Vermittlung eines Kindes in Adoptionspflege bzw. an Adoptionsbewerber dürfen nur Fachkräfte der Adoptionsvermittlungsstellen der Jugendämter, zugelassene Stellen freier Träger und zentrale Adoptionsstellen der Landesjugendämter vornehmen. Anderen ist die Adoptionsvermittlung untersagt!

Adoptionsbewerber durchlaufen mit intensiven Gesprächen, Hausbesuchen und Seminaren ein Eignungsverfahren, welches etwa ein halbes Jahr in Anspruch nimmt. Wichtig ist es, dass Eltern sich vor und während der Pflege eines Kindes und auch nach der Adoption beraten und helfen lassen und bei auftretenden Problemen selbst aktiv werden, wenn sie diese nicht allein bewältigen können.

Die Fachkräfte der Adoptionsvermittlungsstellen begleiten – ihrem gesetzlichen Auftrag aus § 9 des Adoptionsvermittlungsgesetzes zu Folge – Eltern so lange durch Beratungsgespräche, Hausbesuche, empfehlen Selbsthilfegruppen und Adoptivelternvereine und anderes, wie es die Adoptiveltern wünschen. Dabei obliegt die Beratung vor Ausspruch der Adoption ausschließlich den Adoptionsvermittlungsstellen.

Aber auch andere, unabhängige Hilfsangebote von Erziehungsberatungsstellen, psychologischen und sozialen Beratungsstellen, von den einzelnen Landesverbänden der Pflege- und Adoptiveltern e.V. (PFAD für Kinder), von der Pflegeelternschule der Evangelischen Stiftung »St. Johannis Bernburg« oder Familienverbände können den Adoptivfamilien später mitunter aus einer scheinbar eingefahrenen oder hoffnungslosen Situation heraushelfen.

Die ersten Schritte zu einer Adoption

Wenn Sie sich zur Adoption entschlossen haben, sollten Sie einen ersten Kontakt zum Jugendamt des Ortes aufnehmen, in dem Ihr Hauptwohnsitz liegt, oder zu einem freien Träger. Dieser erste Kontakt kann telefonisch erfolgen. Daraufhin werden Sie wahrscheinlich zu ein, zwei Gesprächen eingeladen, in denen Sie die nötigen Informationen über den Ablauf von Adoptionen bekommen und sich der Sozialarbeiter des Jugendamtes einen ersten Eindruck von Ihnen verschafft.

Es ist ratsam, bereits gut vorbereitet und mit klaren Motiven in die ersten Gespräche zu gehen.

> *Wichtig:* In diesen ersten Gesprächen erfahren Adoptionswillige auch, dass sie keinen Rechtsanspruch auf Vermittlung eines Kindes haben, was viele irrtümlich glauben. Allerdings gibt es ein Recht darauf, auf Eignung getestet zu werden. Ein positiver Bescheid ist allerdings keine Garantie dafür, dass der Kinderwunsch in Erfüllung geht.
> Bei diesen ersten Gesprächen bekommen die Bewerber einen Antragsvordruck. Hier werden zum Teil schon sehr detailliert Motive und Vorstellungen abgefragt.
> Dieser Fragebogen entscheidet zwar keineswegs allein über Ihre Eignung, ist aber bereits ein Teil des Verfahrens und sollte deshalb sehr überlegt und sorgsam ausgefüllt werden. Die Adoptionsstelle will damit zum einen erfahren, für wie geeignet und belastbar Sie sich selbst halten, und zum anderen, für welche »Art« von Kind Sie die richtigen Eltern sein könnten.

Der Ablauf des Eignungsverfahrens

Neben dem Fragebogen sind eine Reihe weiterer Unterlagen einzureichen, die Ihre formale Eignung sicherstellen sollen. Hierzu gehören im Allgemeinen:
- die Geburtsurkunden beider Partner,
- die Heiratsurkunde,
- ggf. ein Scheidungsnachweis,
- ausführliche Lebensberichte beider Partner, wobei nachgefragt werden sollte, ob diese handschriftlich gewünscht sind,
- Gesundheitszeugnis vom Hausarzt, wenn nichts anderes festgelegt ist,
- polizeiliches Führungszeugnis beider Partner (wird persönlich bei der Meldestelle beantragt; Personalausweis oder Pass mitbringen, Kosten: 13 Euro),

- Einkommensnachweise,
- Vermögens- und Schuldennachweise,
- Nachweis der Staatsangehörigkeit (nicht bei allen Stellen erforderlich).

Mit diesen Dokumenten sollen erste Anhaltspunkte zur Eignung des Bewerberpaares gefunden werden. Diese Anforderungen an adoptionswillige Eltern sind laut Adoptionsvermittlungsgesetz:
1. Angaben zur Person,
2. die persönlichen und familiären Umstände,
3. der Gesundheitsstatus,
4. das soziale Umfeld,
5. die Beweggründe zur Adoption.

Eine Vielzahl von Unterlagen soll dokumentieren, dass die Bewerber in stabilen Verhältnissen leben und in ihrer Persönlichkeit gefestigt sind.

Die wichtigsten Anforderungen, die sich daraus ergeben und an künftige Adoptiveltern gestellt werden, sind vereinfacht dargestellt folgende:
- Alter und Gesundheitszustand müssen erwarten lassen, dass die Eltern mit hoher Wahrscheinlichkeit bis weit über die Pubertät hinaus als belastbare Bezugspersonen zur Verfügung stehen. Altersabstände zwischen Kind und Eltern von mehr als 35 bis 40 Jahren sowie Krankheiten und Behinderungen, die die Erziehungsfähigkeit beeinträchtigen, können daher zur Ablehnung führen.
- Die wirtschaftliche Gesamtsituation der Familie muss solide sein, um den Unterhalt für das Kind zu sichern. Es soll verhindert werden, dass das Kind trotz Adoption oder dadurch dauerhaft von Sozialhilfe abhängig ist. So wird etwa häufig verlangt, dass ein Elternteil einer regelmäßigen Arbeit nachgeht. Zudem müssen Bewerber über ausreichenden Wohnraum verfügen, um die kindliche Entwicklung zu fördern.
- Vorstrafen wie sexueller Missbrauch, Kindesmisshandlung, Körperverletzung oder andere Gewaltverbrechen schließen in aller Regel eine Adoption aus.

Im Bewerbungsverfahren soll zudem geprüft werden, ob sich die adoptionswilligen Paare wirklich eingehend mit dem Thema Adoption befasst haben.

- Die Partnerschaft braucht Stabilität und Qualität und sollte nicht erst seit sehr kurzer Zeit bestehen. Damit soll dem Kind eine zuverlässige Perspektive im Familienverband möglichst ohne erneute Trennungserlebnisse ermöglicht werden. Ein gutes familiäres Klima hält zudem meist höhere Belastungen aus und hat Einfluss auf die spätere Beziehungsfähigkeit des Kindes.
- Die Adoptiveltern sollten von ihrer Persönlichkeit her über ein hohes Maß an Einfühlungsvermögen, Bildungsfähigkeit, Belastbarkeit, Problemlösungskompetenz und Offenheit gegenüber anderen Lebensweisen verfügen und auch in angespannten Situationen zu vernünftigem Verhalten fähig sein.
- Die Erziehungsziele und -vorstellungen des Paares sollen die gesunde, umfassende Persönlichkeitsentwicklung des Kindes ermöglichen.
- Weltanschauliche oder religiöse Zugehörigkeiten und Lebensweisen müssen dem Wohl des Kindes dienen.
- Die ungewollte Kinderlosigkeit der meisten Bewerberpaare muss insoweit verarbeitet sein, dass die Annahme eines fremden Kindes kein Ersatz darstellt und gegenüber der Umwelt verteidigt werden kann. Ein Leben ohne Kind sollte ebenso vorstellbar sein.
- Die Bewerber sollten in der Lage sein, den Herkunftseltern des Kindes Achtung entgegenzubringen und ihre Entscheidung zur Adoption zu akzeptieren. Damit soll verhindert werden, dass Adoptiveltern ein verzerrtes Bild der Herkunft des Kindes zeichnen.

Intensive Gespräche erleichtern die Entscheidungsfindung

Wenn alle Unterlagen vollständig sind, beginnt das eigentliche Eignungsverfahren. Wie genau dieses Verfahren abläuft, ist von Jugendamt zu Jugendamt verschieden. In der Regel gibt es mehrere Gespräche, die zum Teil in der Wohnung der Bewerber stattfinden. Die Themen, die dabei behandelt werden, drehen sich um die bereits genannten Gebiete. Auch Vorbereitungsseminare und Gruppengespräche mit anderen Bewerbern sind in vielen Jugendämtern durchaus üblich. Bei den Diskussionen sind mehrere Paare und Sozialarbeiter anwesend, die gemeinsam ein vorgegebenes Thema diskutieren. Dadurch sollen sich die Eltern optimal auf eine Adoption und das Zusammenleben mit einem Kind vorbereiten, denn häufig bestehen unrealistische Vorstellungen hinsichtlich des Lebens mit einem Kind. Die Bewerber müssen begreifen, dass sie zum Teil völlig andere Erwartungen haben, als die Kinder, die schon eine prägende Geschichte durchlebten, erfüllen können.

Das Eignungsverfahren nimmt viel Zeit in Anspruch, meist zwischen vier und neun Monaten. Es erfordert in hohem Maße, sich zu »outen«, also auch über sehr persönliche Dinge sprechen zu können. Als Beispiel seien hier einige der Fragen genannt, die eine Brandenburger Vermittlungsstelle künftigen Adoptiveltern stellt.

Mögliche Fragen im Eignungsverfahren

Konfliktlösung
- Was machen Sie, wenn Sie nicht mehr weiterwissen?
- Wie streiten Sie miteinander?
- Welche Strategien haben Sie entwickelt?

Kontaktfähigkeit / soziales Umfeld
- Wie sind Ihre sozialen Außenkontakte?
- Kontakte in der Familie
- Kommunikationsfähigkeit der Familie (wird miteinander gesprochen und wie?)
- Wie und von wem werden Entscheidungen getroffen?
- Wie ist die Bereitschaft zur Zusammenarbeit mit Jugendamt, Erziehungs- und Familienberatungsstellen…?

Äußere Bedingungen
- Wohnsituation
- Vorstellen des Familienlebens: Freizeit, Gemeinsamkeiten, Rituale, Rollen, Mahlzeiten, Feste ...

Problembewusstsein
- Zweifamilien-Situation des Adoptivkindes erkennen
- Fähigkeit zur Akzeptanz und ggf. Zusammenarbeit mit der Herkunftsfamilie
- Einstellung zu den leiblichen Eltern
- Fähigkeit, alte Verhaltensmuster aufzugeben, um die Integration des Kindes zu erleichtern
- Erkennen der Bedürfnisse eines Adoptivkindes

Belastbarkeit
- Wann geben Sie auf (Einschätzung des Durchhaltevermögens)?
- Eigene Grenzen erkennen und benennen
- Risikobereitschaft (eine »unnormale« Form der Familiengründung in Angriff zu nehmen und gegenüber der Umwelt zu verteidigen)

Partnerschaft
- Bindungsfähigkeit, Beziehungsfähigkeit
- Stabilität
- Reflexionsvermögen
- Bereitschaft, ein positives Vorbild zu sein

Erziehungserfahrungen / -stil
- Sind erzieherische Fähigkeiten bereits vorhanden?
- Verarbeitung der eigenen Kindheit
- Sicht auf Erziehungsstil der eigenen Eltern
- Eigener Erziehungsstil: Besteht Offenheit für Hilfe und für andere pädagogische Stile und Methoden?
- Umgang mit Religion und Weltanschauung
- Aufgeschlossenheit für Erziehungsfragen (Umgang mit Bestrafung, Zärtlichkeit, Aufklärung)

> **Persönlichkeit der Bewerber**
> - Stärken / Schwächen erkennen?
> - Besondere Eigenschaften
> - Wertvorstellungen
> - Fähigkeit, mit Krankheiten umzugehen bzw. zu leben
>
> **Erwartungen an das Adoptivkind**
> - Was erhoffen wir uns?
> - Mit welchen Problemen rechnen wir?
> - Probleme, denen wir wahrscheinlich gut gewachsen sind
> - Probleme, denen wir wahrscheinlich nicht gut gewachsen sind
> - Alter des Kindes
> - Geschwister
>
> **Motivation**
> - Warum wollen wir ein Adoptivkind?

Hat sich die Adoptionsstelle ein Bild von den Bewerbern gemacht und ist von ihrer Eignung als Adoptiveltern allgemein überzeugt (es handelt sich hier noch nicht um die Eignung für ein spezielles Kind), erstellt sie einen Sozialbericht. Vielfach wird der Bericht nicht an die Bewerber selbst ausgehändigt. Sie erhalten aber zumindest eine Bescheinigung dafür, dass sie von der entsprechenden Stelle überprüft worden sind, und werden in die Bewerberliste aufgenommen. Wenn Sie sich mit dem Sozialbericht auch noch bei anderen Vermittlungsstellen bewerben

> *Wichtig:* Der Sozialbericht ist nur zwei Jahre gültig. Da die Wartezeit auf ein Kind diesen Zeitraum überschreiten kann, empfiehlt es sich, den regelmäßigen Kontakt zum Sozialamt zu suchen. Wie der Kontakt aussehen sollte, lässt sich am besten im Gespräch mit dem Sozialarbeiter ermitteln.

wollen, was grundsätzlich möglich ist, wird der Bericht meist von Jugendamt zu Jugendamt bzw. zum freien Träger direkt versandt.

Die Anbahnungsphase

Wenn das Jugendamt schließlich anruft und mitteilt, dass ein bestimmtes Kind in Aussicht ist, kommt das meist überraschend für die Adoptiveltern. Nach der langen Vorbereitungs- und Wartezeit ist das Gefühl, dass es jetzt »ernst« wird, geradezu überwältigend. Zunächst erfährt das Adoptivpaar alles, was es über die abgebenden Eltern wissen muss: Lebensgeschichte der Eltern, Gründe der Freigabe, alle bekannten Informationen über das Kind, Verlauf der Schwangerschaft und Geburt, mögliche gesundheitliche Risiken, bei älteren Kindern der bisherige Lebensweg mit allen seelischen Verletzungen und Beziehungsabbrüchen, die es erleben musste.

> *Wichtig:* Trotz aller Aufregung und Vorfreude sollten Eltern diese Informationen wichtig nehmen und sich so viel wie möglich schriftlich geben lassen. Bei offenen Adoptionsformen kann später noch vieles erfragt werden, bei Inkognito-Adoptionen spielen diese Informationen dagegen eine entscheidende Rolle (siehe Seite 87).

Noch ist die Adoption nicht sicher

Wer einen Säugling gleich nach der Geburt in die Familie aufnimmt, muss mit der Ungewissheit leben, dass die leibliche Mutter ihre Erklärung zur Adoptionsfreigabe widerrufen und sich entscheiden kann, ihr Kind doch selbst aufzuziehen Wenn sich in der Partnerschaft etwas verändert hat oder die Familie Hilfe anbietet, die vorher nicht da war, kann das schon einmal passieren. Dann müssen Adoptiveltern stark sein und sich wieder von ihrem Kind trennen. Viele Mütter gehen auch nicht gleich nach der Acht-Wochen-Schutzfrist zum Notar, um die notarielle Einwilligung in die Adoption zu erteilen, sondern zögern noch. Das ist ihr gutes Recht.

Die Integration älterer Kinder

Bei älteren Kindern braucht die Anbahnung oft länger und gestaltet sich komplizierter. Kindern, die aus ihrer Familie herausgelöst wurden, sollte nicht ohne Übergang zugemutet werden, sich sofort in eine neue Familie integrieren zu müssen. Die erste Kontaktaufnahme sollte daher von einem neutralen Ort aus stattfinden. Es kann sinnvoll sein, dass das Kind für eine bestimmte Zeit in einem Heim lebt, um sich in Ruhe von seiner alten Familie verabschieden und auf eine neue Familie einstellen zu können. Kinder, die sich nicht verabschieden können, sind oft von Schuldgefühlen beladen, wenn sie sich auf eine neue Familie einlassen. Auch Adoptiveltern brauchen Zeit, um ein Kind kennen zu lernen. Sie brauchen anfänglich eine gewisse Distanz, um sich im Notfall auch gegen das Kind entscheiden zu können. Das klingt hart, ist aber letztlich besser, als aus Mitleid ein Kind anzunehmen, gegen das sie eine Abneigung spüren.

> Erst dann, wenn ein Kind von sich aus bereit ist und diesen Wunsch seinem Alter entsprechend mitteilt, kann es ganz in den Haushalt der Adoptiveltern übersiedeln.

Wenn die Chemie nicht stimmt...

Wenn sich Eltern und Kind nicht von Anfang an mögen, ist es wichtig und richtig, in der Anbahnungsphase offen über solche Empfindungen zu sprechen. Auf die weitere Vermittlung hat eine Ablehnung aus den genannten Gründen keinen negativen

Einfluss. Sie verdeutlicht im Gegenteil, dass Eltern sehr sensibel und verantwortungsbewusst handeln.

Kinder können eine Abneigung gegen die neue Familie wesentlich schwerer artikulieren, und wenn, dann meist nach Kontakten zu den Adoptiveltern.

> ***Wichtig:*** Kinder müssen sich unbedingt gern ihren neuen Eltern anschließen, da sonst kein Eltern-Kind-Verhältnis entstehen kann. Die Eltern selbst, aber auch Heimerzieher und Pfleger, müssen die Kinder sehr genau beobachten, um herauszufinden, mit welchen Gefühlen sie auf die neuen Eltern reagieren.

Die Kontaktaufnahme

Adoptiveltern, die Kontakt zu einem Kind aufnehmen, sollten das Tempo der Annäherung dem Kind überlassen. Wie lange Kinder benötigen, um die Phase der Trauer und des Abschiednehmens zu durchleben, ist ganz unterschiedlich.

Relativ unkompliziert gestaltet sich der Prozess bei Babys. Spätere Adoptiveltern können das Kind bereits im Krankenhaus besuchen und versorgen, sodass sich der Übergang gleitend und ohne große Brüche vollzieht. Bei älteren Kindern wird der erste Kontakt oft mit großer Distanz stattfinden, meist als Sichtkontakt. Danach versuchen Eltern und Kind miteinander zu spielen. Erst wenn das Kind dazu bereit ist, kann es für kurze Zeit die Einrichtung mit den Adoptiveltern verlassen, um einkaufen oder ein Eis essen zu gehen. Doch auch danach kann es noch lange dauern, bis das Kind die Adoptiveltern einmal zu Hause besuchen oder gar bei ihnen übernachten will. Das Kind sollte dann weder mit Zärtlichkeiten noch mit Geschenken überhäuft; sondern möglichst »normal« in den Tagesablauf einbezogen werden.

> *Wichtig:* Künftige Eltern sollten das Kind in dieser Zeit keinesfalls überfordern, sondern deutlich machen, dass es noch Entscheidungsspielraum hat. Sein Zuhause ist nach wie vor das Kinderheim, auch wenn es hin und wieder bei der neuen Familie schläft. Aus dieser Sicherheit heraus kann es ganz in Ruhe und von sich aus die notwendigen Schritte tun. Signalisiert das Kind deutlich Abneigung, sollten Adoptiveltern verantwortungsbewusst genug sein, auf die Adoption zu verzichten.

Auch für die künftigen Eltern stellen die ersten Kontakte mit dem neuen Kind eine große seelische Beanspruchung dar. Denn im Gegensatz zu anderen Eltern, die sich neun Monate auf ihr Kind freuen und sein Wachsen und Gedeihen beobachten können, haben sich Adoptiveltern zunächst vor allem mit Formalitäten zu befassen und müssen dann warten, ohne zu wissen, wann die Wartezeit zu Ende ist. Oft ist bis zum Schluss unklar, ob es mit der Adoption klappt. Die Tatsache, dass nun plötzlich »ein Kind da ist«, überfordert viele Eltern bei aller Freude. Daher ist es auch für Eltern durchaus sinnvoll, sich dem Kind sehr behutsam zu nähern und eigene Rückzugsmöglichkeiten offen zu halten. Eltern, die sich in dieser Zeit zu sehr unter Druck setzen und enttäuscht sind, wenn sie das Kind nicht sofort lieben und in ihr Herz schließen, verderben den Start unter Umständen. Zuneigung und Liebe können wachsen, gemäß dem Ausspruch: »Du bist nicht unter meinem Herzen gewachsen, sondern in meinem Herzen.« Ruhe, Zeit, Geduld, Zuversicht, Verständnis – mit diesen Tugenden überstehen Eltern und Kind die schwierige erste Zeit am besten.

Checkliste: Vorbereitung einer Adoption

- Erste Kontaktaufnahme, am besten mit dem örtlichen Jugendamt.
- In ersten Gesprächen werden allgemeine Voraussetzungen geklärt.
- Ausfüllen des Antragformulars.
- Beschaffen Sie sich alle nötigen Unterlagen (siehe Seite 74).
- Führen Sie die geforderten medizinischen Untersuchungen durch.
- Mehrere Beratungsgespräche werden geführt.
- Der Sozialarbeiter besucht die adoptierwilligen Eltern zu Hause.
- Nehmen Sie ggf. an Vorbereitungsseminaren teil.
- Nehmen Sie ggf. an Gruppendiskussionen teil.
- Nehmen Sie Kontakt zu einer Selbsthilfegruppe auf.
- Der Sozialbericht wird bei Eignung erstellt.
- Aufnahme in die Bewerberliste.
- Bewerben Sie sich ggf. auch bei anderen Vermittlungsstellen.
- Richten Sie sich unter Umständen auf eine längere Wartezeit ein und halten Sie regelmäßig Kontakt zum Jugendamt.

Verschiedene Möglichkeiten der Adoption

Um ganz auf die individuelle Situation des Kindes und damit auf sein Wohl eingehen zu können, gibt es verschiedene Formen der Adoption, angefangen bei der Inkognito-Adoption, bei der kein Kontakt zur Herkunftsfamilie besteht, bis zur offenen Adoption, bei der das Kind auch weiterhin eine regelmäßige Verbindung zu seiner leiblichen Mutter bzw. seinen leiblichen Eltern hält. Im folgenden Kapitel wird auf die unterschiedlichen Adoptions-Arten eingegangen.

Formen der Adoption

Ein Kind ohne Vergangenheit und Wurzeln – so sahen sich früher Adoptivkinder häufig, wenn sie begannen, nach ihrer Herkunft zu forschen. Nicht selten entstand daraus ein Trauma, dass das gesamte Leben überschattete. Heute sind solche Inkognito-Adoptionen zwar immer noch die Regel, doch besteht dabei das Recht, später über die Herkunftsfamilie aufgeklärt zu werden. Daneben gibt es auch immer häufiger die so genannte halboffene oder offene Adoption, bei der ein ständiger Kontakt zur Mutter besteht.

Inkognito-Adoption

Die Inkognito-Adoption ist immer noch die häufigste Form.

Die Lebensgeschichte vieler Adoptivkinder, die in ihrem späteren Leben von einer rätselhaften Unruhe getrieben werden und nicht selten eine Bindungsunfähigkeit aufweisen, zeigt: Der Sinn solcher Inkognito-Adoptionen, die vor allem die Adoptivfamilie vor Nachstellungen der Herkunftseltern schützen soll, verkehrt sich oft ins Gegenteil. Nämlich dann, wenn Kinder zu lange im Ungewissen über ihre wahre Herkunft bleiben und dadurch großen seelischen Schaden nehmen.
Im Rahmen einer Inkognito-Adoption erfahren die abgebenden Eltern nicht, wer ihr Kind annimmt. Die annehmenden Eltern kennen die Daten und Geschichte der abgebenden Eltern und die Vorgeschichte des Kindes. Diese Form ist die gesetzlich vorgeschriebene und immer noch häufigste Art der Adoption.
Viele Adoptiveltern können den Druck, der auf ihnen lastet, nur dadurch ausgleichen, dass sie die unbekannten Herkunftseltern schlecht machen, als »asozial« oder »kriminell« bezeichnen.
Das macht die Sache für die Kinder noch schlimmer: Da sie von diesen schlechten Eltern abstammen, fühlen sie sich auch als schlechte Menschen. Obgleich sie als Erwachsene oft auf die

Suche gehen und einen Teil ihrer Last abwerfen können, bleiben doch unheilbare Wunden und Lücken zurück.

Halboffene Adoption

Halboffene Adoption bedeutet, dass verschiedene Möglichkeiten der Kontaktaufnahme zwischen den Elternpaaren und dem Kind wahrgenommen werden. Die Eltern können Vereinbarungen treffen, um indirekt die Entwicklung des Kindes zu begleiten. Das Inkognito bleibt aber gewahrt. Mögliche Formen sind:
- Die leiblichen Eltern nehmen Einfluss auf die Auswahl der Adoptiveltern.
- Die Elternpaare treffen sich unter Wahrung des Inkognitos auf neutralem Boden.
- Die Eltern stehen brieflich oder telefonisch mit den Adoptiveltern in Kontakt und bekommen Informationen über das Kind. Sie können auch Fotos, Briefe und Geschenke austauschen. Wie weit dies geht, muss mit den Adoptiveltern vereinbart werden.

Ziel ist es, den abgebenden Eltern die Freigabe zu erleichtern und den annehmenden Eltern die Möglichkeit zu geben, sich ein Bild von den leiblichen Eltern zu machen, das sie dann an das Kind weitergeben können.

Um dem Kind den Bruch mit seiner Herkunftsfamilie zu ersparen, gibt es zunehmend die Form der halboffenen und offenen Adoption, bei denen der Kontakt zum leiblichen Elternteil bestehen bleibt.

Offene Adoption

Offene Adoptionen entwickeln sich häufig, wenn das Kind schon längere Zeit als Pflegekind in der Familie ist und dann von den leiblichen Eltern zur Adoption freigegeben wird. Eine offene Adoption kann auch im Rahmen der Vermittlung vereinbart werden. Dann haben die Herkunftseltern die Möglichkeit, regelmäßig in Kontakt zu ihrem Kind zu bleiben. In der Praxis der

Bei einer offenen Adoption besteht ähnlich wie in der Pflege ein direkter und regelmäßiger Kontakt zu den Eltern.

Adoptionsvermittlung ist die offene Adoption noch selten. Die ersten Erfahrungen bestätigen jedoch, dass es für alle Beteiligten eine Entlastung darstellt, mit offenen Karten zu spielen und kein Geheimnis aus den Lebensumständen machen zu müssen. Wie bei der Adoption der offene Umgang miteinander gestaltet wird, ist nicht genau festgelegt. Es hängt von den Bedürfnissen, dem Einfühlungsvermögen und der gegenseitigen Toleranz der Beteiligten ab. Gespräche mit anderen Eltern und Beratungen können helfen, den richtigen Weg zu finden. Allerdings ist es manchmal für das Wohlergehen des Kindes besser, wenn der Kontakt zur Herkunftsfamilie ganz abgebrochen wird. In diesen Fällen sind offene Formen der Adoption von vornherein ausgeschlossen.

Vor- und Nachteile der offenen Adoption

Wer sich für die offene Form der Adoption entscheidet, muss Vor- und Nachteile dieser Variante vor allem fürs Kind sehen. Der Einfluss der Herkunftseltern bleibt ungleich größer, sodass das Kind unter Umständen mit unterschiedlichen Erziehungsstilen und Wertevorstellungen konfrontiert wird. Auch die Intensität der Bindung an die Adoptiveltern kann geringer sein als bei Inkognito-Adoptionen.

Zu den Vorteilen zählt, dass das Kind ohne Geheimnisse aufwächst und sich selbst ein Bild seiner Eltern machen kann, ohne auf oft verzerrte Informationen Dritter angewiesen zu sein. Da

> *Wichtig:* In jedem Fall empfiehlt es sich, mit der Herkunftsfamilie genaue Spielregeln festzulegen, am besten vertraglich. Auch die Rollenverteilung muss klar sein: Die leiblichen Eltern nehmen die Funktion von (entfernten) Verwandten ein, die Adoptiveltern haben volles Elternrecht und bestimmen die Grundzüge der Adoption.

es selbst nach Gründen für die Adoption fragen kann, kann es Verständnis für die Situation der Eltern entwickeln, sich weniger abgelehnt fühlen und insgesamt ein positiveres Selbstbild aufbauen. Und: Die Trauer um den Verlust der ersten Familie fällt weniger traumatisch aus.

Was sind Privatadoptionen?

Dieser Begriff ist nicht eindeutig definiert. Nach Auffassung der Gemeinsamen Zentralen Adoptionsstelle (GZA) Hamburg kann immer dann von einer Privatadoption gesprochen werden, wenn weder im Herkunfts- noch im Aufnahmeland eine staatliche anerkannte Vermittlungsstelle beteiligt war, die Adoption also unter Umgehung jeder behördlichen Aufsicht vorgenommen wurde. Wer privat adoptiert, muss sich darüber im Klaren sein, dass er sich rechtlich in einer Grauzone bewegt, die nicht selten die Grenzen zum Kinderhandel überschreitet. Das ist schon daran zu erkennen, dass die Papiere für das Kind, insbesondere Einwilligungserklärungen der Eltern, Geburtsurkunden der Kinder, Sozialberichte und Gesundheitsatteste, behördliche und gerichtliche Verfügungen, in der Regel krass von jenen abweichen, die bei Einschaltung einer offiziellen Vermittlungsstelle beigebracht werden.

Oft werden Kinder ohne die in Deutschland vorgeschriebene Schutzfrist von acht Wochen außer Landes gebracht, sodass zu befürchten ist, dass im Herkunftsland nicht nach einer geeigneten Lösung gesucht wurde. Auch der Auffassung, dass es sich bei den so vermittelten Kindern in der Mehrzahl um Waisen oder um verlassene Kinder handelt, widersprechen Experten der GZA. In vielen Fällen finden sich Hinweise darauf, dass mit kommerziellen, illegalen oder sogar kriminellen Praktiken vorgegangen wurde. Nur etwa vier Prozent der Kinder haben wirklich keine Eltern und Verwandten mehr!

Privatadoptionen werden solche Adoptionen genannt, die nicht von einer staatlich anerkannten Vermittlungsstelle ausgeführt werden.

Adoption durch gleichgeschlechtliche Paare

Nach einer Studie des nordrhein-westfälischen Familienministeriums leben in Deutschland rund 700 000 homosexuelle Paare mit Kindern. Insofern ist die Regenbogenfamilie längst Realität. Mit dem Inkrafttreten des Lebenspartnergesetzes am 1. August 2001 wurde zwar die rechtliche und gesellschaftliche Gleichberechtigung lesbischer und schwuler Paare gestärkt, was sich günstig auf die Entwicklung der dort lebenden Kinder auswirkt. Regenbogenfamilien sind und bleiben dennoch ganz besondere Familien. Darüber sollten sich Frauen und Männer klar werden, bevor sie ein Kind aufnehmen. Ablehnung und Diskriminierung bleiben nicht aus und können auch das Kind oder die Kinder betreffen. Homosexuelle Eltern müssen daher besonders stark sein und ein vertrauensvolles, fest begründetes Verhältnis zu ihren Kindern haben.

Trotz Einführung der homosexuellen Ehe ist die Gleichberechtigung tatsächlich allerdings noch nicht vollzogen. Gleichgeschlechtliche Paare mit Kind bekommen keine Steuervergünstigungen und haben auch kein gemeinsames Sorgerecht. Lesbische Paare haben in Deutschland nicht das Recht, durch eine offizielle anonyme Samenspende ein Kind zu bekommen. Besonders für schwule Paare ist eine Adoption fast aussichtslos, denn sie gehören nicht zum Kreis der »optimalen Paare«. Oft bleiben nur eine Auslandsadoption oder eine Pflegschaft. Dass Lesben und Schwule in Deutschland ein eigenes Adoptionsrecht bekommen sollen, bleibt nach wie vor ein sehr umstrittenes Thema.

Hoffnung macht ein aktuelles Urteil des Europäischen Gerichtshofs für Menschenrechte (EGMR). Dieser hat im Januar 2008 Frankreich zur Zahlung eines Schmerzensgelds verurteilt, weil die zuständigen Behörden den Adoptionsantrag einer lesbischen Lehrerin abgelehnt hatten. Dazu erklärt Manfred Bruns, Sprecher des Lesben- und Schwulenverbandes (LSVD): »Wir

Gleichgeschlechtliche Paare können gemeinsam kein Kind adoptieren. Sie können allerdings ein Kind in Pflege nehmen.

freuen uns über das Urteil des EGMR. Es macht deutlich, dass Lesben und Schwulen weder offen noch verdeckt der Zugang zur Adoption verwehrt werden darf. Mit dem Hinweis auf die Homosexualität der Adoptionsbewerber darf der Wunsch, ein Kind zu adoptieren, nicht zurückgewiesen werden. Das Urteil besagt, dass alle Gesetze und Regelungen, die die Genehmigung einer Adoption aufgrund der homosexuellen Orientierung der Adoptionswilligen ablehnen, gegen den Art. 14 Europäische Menschenrechtskonvention (EMRK) verstoßen. Die Entscheidung gibt uns Rückenwind für unsere Forderung nach einem gemeinschaftlichen Adoptionsrecht für eingetragene Lebenspartnerinnen und Lebenspartner.«

Auf die Frage, ob man als lesbisches oder schwules Paar in der Adoptionsvermittlungsstelle seine sexuelle Neigung verheimlichen oder offensiv damit umgehen soll, rät der Lesben- und Schwulenverband in Deutschland (LSVD): »Die Erfahrungen mit den Jugendämtern haben gezeigt, dass es zunächst komplizierter wird, wenn ein Lesben- oder Schwulenpaar seine gleichgeschlechtliche Lebensweise offen legt; im Ergebnis ist es jedoch deutlich besser, dies zu tun. Die Tatsache, dass die Betroffenen offen und selbstbewusst zu ihrer Lebensweise stehen, wurde oft positiv gewertet. Verlogenheit oder Verdrängung aber führen nahezu zwangsläufig zu der Einschätzung, dass man oder frau nicht als Erziehungsperson infrage kommt, zumindest wenn die Lüge auffliegt... Zudem kann die Tatsache, dass eine zweite Person für das Kind Verantwortung übernehmen wird, gerade im Hinblick auf die ökonomische Absicherung von weiterem Vorteil sein.«

Übrigens: Weltweit können homosexuelle Paare nur in sechs Staaten Kinder ganz offiziell adoptieren. In Dänemark, Island, Schweden, Südafrika, Großbritannien und den Niederlanden. Die Niederlande sind für viele lesbische Frauen auch die letzte Möglichkeit, an eine anonyme Samenspende zu kommen und eine Familie zu gründen.

Die Alternative: eine Pflegschaft für ein Kind

Eine realistische und aussichtsreiche Möglichkeit, Verantwortung für ein Kind zu übernehmen, besteht auch für gleichgeschlechtliche Paare in der Pflegschaft. Im Gegensatz zur Adoption gibt es in Deutschland einen großen Bedarf an geeigneten Pflegeeltern. Und auch nicht eheliche Paare können juristisch wirksam als Pflegeeltern für ein Kind eingesetzt werden. (Weitere Informationen zum Thema »Pflegschaft« finden Sie auf Seite 26 ff.)

Kann ein Kind aufgrund einer akuten Krisensituation nicht in seiner Herkunftsfamilie bleiben, gibt es die Möglichkeit der Bereitschaftspflege. Für eine begrenzte Zeit wird das Kind bei einer Bereitschaftspflegefamilie untergebracht, bis geklärt ist, wo es auf Dauer leben wird. Kann es zurück in die Herkunftsfamilie? Wird es in eine Dauerpflegefamilie vermittelt oder in ein Heim? Häufig sind die Kinder in Bereitschaftspflege »in Obhut« genommen worden, weil es eine Kindeswohlgefährdung in der Herkunftsfamilie gab. Im Klartext: Die Eltern der betroffenen Kinder sind drogenabhängig oder psychisch krank, manche Kinder sind auch sexuell missbraucht oder geschlagen worden. Als Gelderwerb darf Pflege nie betrachtet werden, da zwischen den einzelnen Pflegezeiten Pausen gemacht werden müssen. Pflegeeltern brauchen also ein gesichertes Einkommen. Und sie müssen sehr belastbar sein, da diese Kinder zum einen sehr schwierig sein können und zum anderen von vornherein feststeht, dass die Kinder nur eine sehr begrenzte Zeit bei ihnen sind.

Besonderheiten von Auslandsadoptionen

Die Adoption eines Kindes aus dem Ausland ist letztlich nur dann zu vertreten, wenn es sich wirklich um ein verlassenes Kind handelt, das heißt: Weder die Eltern noch Verwandte oder andere Personen im Heimatland des Kindes können die Bezugspersonen des Kindes sein. Erst wenn dies genau überprüft wurde und zweifelsfrei feststeht, kommt für dieses Kind eine Auslandsadoption in Betracht. Die Adoptiveltern müssen den Kulturraum, aus dem ihr Kind stammt, schätzen und das Kind mit allen seinen typischen Merkmalen annehmen.

Ein Vermittler berichtet

Wie Adoptionsstellen arbeiten, die ausländische Kinder vermitteln, sei an Hand eines Berichtes des Diplom-Sozialarbeiters Bernd Ruhnau erklärt, Leiter des Zentrums für Adoptionen e. V., anerkannte Auslandsvermittlungsstelle Baden-Baden.

»*Als freier Träger der Auslandsvermittlung vermitteln wir nur zur internationalen Adoption freigegebene Kinder aus staatlichen russischen Kinderheimen. Ein Kontakt zu den abgebenden Eltern ist nach russischem Recht nicht vorgesehen und findet in der Praxis kaum statt. Eltern, die sich für ein solches Kind entscheiden, bleiben wahrscheinlich im Unklaren darüber, welches die leiblichen Eltern ihres Kindes sind. Das kann vor allem für die Kinder ein Problem werden. Eltern sollte dies bewusst sein. Wer sich bei uns für ein solches Kind bewirbt, sollte die Besonderheiten einer Auslandsadoption kennen. Und die liegen immer in dem anderen, fremden Kulturraum begründet. Deshalb sollten Adoptiveltern die Entscheidung für »ihr« Land nach der Sympathie für eine bestimmte Kultur treffen. Das Land wird quasi mitadoptiert, es muss in die Familie integriert werden können. Umgekehrt ist es nicht ratsam, ein Kind aus einem Land zu adoptieren, gegen dessen Kultur, Sprache, Religion, Sitten und Gebräuche viele Vorbehalte bestehen. Eine bewusste Entscheidung für ein Kind aus einem ganz bestimmten Kulturraum ist unerlässlich. Dazu gehört, dass man bereit ist, ein Kind mit allen persönlichen Merkmalen zu akzeptieren, die es mitbringt, Aussehen, Hautfarbe, Sprache, Vorgeschichte usw.*
Bevor Eltern zu uns kommen, sollten sie sich eine angemessene Zeit lang mit dem Thema Adoption und speziell Auslandsadoption befasst haben und eine sichere Entscheidung getroffen haben. Ratsam ist auch die Überlegung, ein Kind aufnehmen zu wollen, welches nicht als Ersatzkind für den ausbleibenden Nachwuchs dienen soll, sondern einen fertigen kleinen Men-

Die Adoptiveltern müssen den Kulturraum, aus dem ihr Kind kommt, schätzen und das Kind mit allen seinen typischen Merkmalen annehmen.

schen mit einer bereits ausgeprägten Persönlichkeit, also keinen Säugling.

Die erste Beratung findet im Rahmen eines eintägigen Einführungsseminars statt. Vorab versenden wir bereits unsere Informationsbroschüre. Im Seminar geht es um alle Themen rund um Adoption und Auslandsadoption, wir stellen das Auswahl- sowie das anschließende Vermittlungs- und Adoptionsverfahren vor. Wir geben Informationen über Russland. Die Teilnehmer können alle Fragen stellen, die sie bewegen. Diese Veranstaltung soll potenziellen Adoptiveltern die Entscheidung für das Land und unsere Vermittlungsstelle erleichtern. Im Anschluss erhalten sie die Unterlagen, mit denen sie sich bei uns für die Adoption eines russischen Kindes bewerben können, einschließlich einer Information über die entstehenden Kosten.

Sind die Bewerbungsunterlagen bei uns eingegangen, werden Einzelgespräche geführt, um die formale und persönliche Eignung der Bewerber festzustellen. Während das bei den formalen Voraussetzungen – Wohnverhältnisse, Einkommen, polizeiliche Führung (Vorstrafen) und Gesundheit – relativ eindeutig ist, bleibt die persönliche Eignung immer eine subjektive Entscheidung. Da es sich bei unserem Personal aber um erfahrene Vermittler handelt, können Bewerber davon ausgehen, dass mit dem nötigen Fingerspitzengefühl gearbeitet wird. Einige der Kriterien sind: Wie ist der Wunsch nach dem ausgebliebenen leiblichen Kind verarbeitet worden? Dauer und Qualität der Paarbeziehung, gemeinsamer Kinderwunsch (soziales Engagement ist als Motiv edel, aber für eine Adoption allein unzureichend), Alter der Bewerber, Bereitschaft zur Beratung usw. Diese Gespräche werden so lange fortgesetzt, bis ein Bild der Bewerber entsteht.

Übrigens können aus Russland alleinstehende Frauen, aber keine männlichen Paare oder alleinerziehenden Männer adoptieren. Die genannten persönlichen Merkmale werden Bestandteil des Sozialberichts, der den Bewerbern zur Kenntnis gegeben wird.

In Einzelgesprächen werden die Motive für den Adoptionswunsch abgeklärt.

Fällt die Entscheidung positiv aus, wird die Vermittlungsstelle des örtlichen Jugendamtes informiert und eventuell um weitere vorliegende Informationen gebeten. Für den gesamten Vorbereitungsprozess sollte ausreichend Zeit eingeplant werden. Allerdings arbeiten wir als Vermittlungsstelle bisher ohne Warteliste und konnten mehr als 30 Kinder vermitteln, die in unserem ersten Jahr ein neues Zuhause gefunden haben. Auch aus Russland erleben wir in aller Regel kaum eine Wartezeit bis zu einem Kindervorschlag.

Der Vermittlungsprozess bei einer Auslandsadoption kann zwischen sechs und neun Monaten dauern.

Nach der Auswahlphase beginnt der Vermittlungsprozess. Aus unserer inzwischen mehrjährigen Erfahrung als Vermittlungsstelle lässt sich sagen, dass die meisten Adoptionen nach sechs bis neun Monaten abgeschlossen sind, das heißt, dann treffen die Adoptiveltern mit ihrem Kind in Deutschland ein.

Bewerber erhalten zunächst die Mappe mit einer Übersicht aller Dokumente, die für das russische Adoptionsverfahren zusammengestellt werden müssen, mit entsprechenden Erläuterungen. Das fertige Dokumentendossier schicken wir nach Russland und bekommen einen Kindervorschlag. Der Kindervorschlag besteht aus einem Foto, manchmal auch einem Video, und einem medizinischen Bericht. Um den häufig mit vielen Fragezeichen versehenen Bericht verständlicher zu machen, arbeiten wir mit einer aus Russland stammenden Kinderärztin zusammen. Die Adresse der Ärztin sowie Informationen zur Reise nach Russland und zum dortigen Gerichtsverfahren erhalten die Bewerber mit den Unterlagen zum Kind. Wenn sich die Adoptiveltern für das Kind entscheiden, reisen sie anschließend zu einem Besuch in das Kinderheim. Wenn Eltern dabei gar keinen Kontakt zu dem Kind finden, raten wir dringend, sich gegen die Adoption zu entscheiden und das Verfahren mit einem neuen Kindervorschlag fortzusetzen.

Zur Unterstützung und Begleitung stellen wir den Adoptiveltern ab ihrer Ankunft in Russland langjährig erfahrene und engagierte Fachkräfte zur Seite. Sie tragen entscheidend dazu bei, das russische Adoptionsverfahren vor Ort zügig und erfolgreich abzuschließen. Sie beantworten alle Fragen, sind beim Besuch im Kinderheim dabei und helfen – wenn die Eltern ihre Entscheidung für das Kind bekräftigen – bei der Ausfertigung des Adoptionsantrages. Sie bereiten auch den Gerichtstermin vor. In dieser Zeit reisen die Eltern nach Hause und sind erst wieder zum Gerichtstermin anwesend. Mit dem Gerichtsbeschluss, mit dem die Adoption von russischer Seite abgeschlossen ist, ist das Kind rechtsgültig adoptiert und wird in die Obhut der Eltern gegeben. Bei Bedarf stellen wir vor der ersten Reise den Kontakt zu Adoptiveltern her, die bereits ihre Adoption in Russland abgeschlossen haben.

Eine Adoptionspflege wie nach deutschem Recht gibt es bei russischen Adoptionen nicht. In Deutschland findet lediglich ein vereinfachtes vormundschaftsgerichtliches Verfahren zur Anerkennung der russischen Adoption statt. Dadurch bekommen die Kinder auch die deutsche Staatsbürgerschaft und es wird unzweifelhaft festgestellt, dass diese Adoption wie eine deutsche wirkt, also auch das russische Adoptivkind die Stellung eines leiblichen Kindes dieser Eltern erhält.

Damit ist das Thema Adoption für die Familie jedoch nicht beendet. Erfahrungen belegen, dass Adoptivkinder zu gewissen Zeiten ihre »Entscheidung« überdenken. Als Kleinkinder, die sie ja meistens zum Zeitpunkt der Adoption sind, treffen sie eine kindliche Entscheidung und gehen mit den neuen Eltern. In Stresszeiten kann es vorkommen, dass sie widerrufen, so zum Beispiel während der Pubertät. Fragen und Feststellungen, wie »Will ich wirklich hier sein?«, »Gehöre ich tatsächlich in diese Familie?« und »Ihr seid doch gar nicht meine richtigen Eltern!«, können gestellt werden. Adoptiveltern bleibt dann häufig nur der Rückzug auf die eigene Gewissheit, dass dieses Kind ihr Kind ist, trotz aller Fragen und Zweifel. Nicht von ungefähr wird in unserem Adoptionsgesetz als einziger Sinn einer Adoption die »Eltern-Kind-Beziehung« postuliert. Kinder fordern

Fachkräfte im Herkunftsland stehen den Eltern bei der Kontaktaufnahme mit dem Kind und bei Behördengänge zur Seite.

Eltern heraus. Dabei »testen« sie die Stabilität der Beziehung und das Durchhaltevermögen der Erwachsenen. Ich plädiere für eine klare, entschiedene Haltung auf Seiten der Eltern. Das Privileg der Eltern ist es, Grenzen und Normen zu setzen; das Recht der Kinder ist es, dagegen anzukämpfen. In diesem Raum spielt sich das gemeinsame Leben zwischen Beziehung und Erziehen ab. Wenn man nicht klar erkennt, dass das Kind »normal« reagiert, braucht man Beratung – und zwar nicht nur als Adoptiveltern. Allerdings sollten gerade Adoptiveltern nicht mit dieser Bereitschaft geizen. Der Alltag nimmt Familien meist zu sehr in Beschlag, als dass viel Zeit zum Reflektieren bleibt: Wie war dein Tag, was ist geschehen, was können wir tun oder verändern? Dazu kann Beratung verhelfen. Wir stehen als Ansprechpartner bereit, aber auch die Jugendämter und alle Familienberatungsstellen. In den ersten drei Jahren bleiben wir schon aus dem Grund mit den Eltern in Kontakt, weil Russland Entwicklungsberichte über das Kind einfordert, für deren Erstellung wir verantwortlich sind. Aber auch danach sind – wenn die Eltern es wünschen – Kontakt und Hilfestellung möglich.

Eine wichtige Frage bei Adoptionen ist immer wieder, ob, wann und wie Kinder über ihre Adoption aufgeklärt werden sollten. Wir raten dringend, dem Kind von Anfang an die Wahrheit zu sagen. Die mitgebrachten Fotos aus dem russischen Kinderheim gehören ins Familienalbum, und die Eltern sollten Tagebuch über die Adoption und die Geschichte ihres Kindes führen. Das ist manchmal die einzige Gute-Nacht-Geschichte, die Kinder zu hören wünschen: »Wie war das, als ihr mich aus dem Kinderheim geholt habt?« Was aus der Biografie des Kindes bekannt ist, muss das Kind erfahren. Auch dass man nichts weiß, wie es bei Findelkindern der Fall ist. Für die Wahrheit gibt es keine Alterserfordernis beim Kind. Wir raten auch davon ab, dem Kind seinen Vornamen zu nehmen, wie leider viele Eltern es tun, die mit einem deutsch klingenden Namen Hindernisse und Demütigungen aus dem Weg räumen wollen. Der Name ist oft

Die Eltern sollten ihrem Kind die Wahrheit sagen und von seiner Herkunft erzählen.

die einzige Verbindung des Kindes zu seiner Vergangenheit. Ihm diese zu nehmen, kann schlimme Folgen haben.
Oftmals taucht auch die Frage auf, an welche Stelle man sich wenden kann mit dem Wunsch auf Auslandsadoption. Auf jeden Fall an eine in Deutschland anerkannte Vermittlungsstelle, da hier fachliche Eignung und Gemeinnützigkeit gegeben sind. Alle Jugendämter und Landesjugendämter halten aktuelle Listen mit den in Deutschland anerkannten Adoptionsvermittlungsstellen bereit. Eine gute erste Anlaufstelle, jedoch nur bei Verwandtenadoptionen mit Auslandsbezug, kann der Internationale Sozialdienst in Frankfurt sein, der im Rahmen des Deutschen Vereins für öffentliche und private Fürsorge als Verbindungsstelle zwischen ausländischen und deutschen Jugendbehörden sowie sozialen Fachstellen, Gerichten und freien Trägern fungiert.«

Eine Auslandsadoption sollte unbedingt auf legalem Wege über eine anerkannte Vermittlungsstelle in Deutschland erfolgen. Bei einer Auslandsadoption sind Behörden im Heimatland des Kindes wie im Aufnahmestaat beteiligt.

Wer Sie bei einer Auslandsadoption berät

Für die Abwicklung von Auslandsadoptionen sind die zentralen Adoptionsstellen der Landesjugendämter verantwortlich. Sie vertreten damit auf Länderebene die zentrale Behörde, die die Situation des Kindes und seiner zukünftigen Adoptiveltern überprüft. Diese zentrale Behörde – die Bundeszentralstelle für Auslandsadoption – wurde erst im Jahr 2002 geschaffen. Sie erfüllt die Anforderungen, die sich an die staatlichen Behörden aus dem Inkrafttreten des Haager »Übereinkommens für den Schutz von Kindern und die Zusammenarbeit auf dem Gebiet der internationalen Adoption« am 1. März 2002 ergeben. Welche Staaten zu den Vertragsstaaten gehören, auf die das Übereinkommen

Bei einer Auslandsadoption sind Behörden im Heimatland des Kindes wie im Aufnahmeland beteiligt.

zutrifft, kann bei der Bundeszentralstelle (die Adresse finden Sie im Anhang dieses Buches, Seite 141) aktuell abgefragt werden.

Der Ablauf einer legalen Auslandsadoption

Zu den wichtigsten Voraussetzungen einer internationalen Adoption zählen nach Auskunft der Bundeszentralstelle folgende Kriterien:
- die zuständigen Behörden des Heimatlandes des Kindes haben festgestellt, dass das Kind adoptiert werden kann und eine Adoption dem Kindeswohl dient,
- die Zustimmungs- und Mitwirkungsrechte des Kindes und der Eltern werden gewahrt,
- die Behörden des Aufnahmestaates haben die Eignung der künftigen Adoptiveltern festgestellt, die Adoptiveltern wurden ausreichend beraten,
- Einreise und Aufenthalt des Kindes im Aufnahmestaat sind gesichert.

Demnach teilen sich die beiden Länder die Aufgaben: Während das Heimatland die Adoptionsvoraussetzungen beim Kind und dessen leiblichen Eltern prüft, prüft das aufnehmende Land die Eignung der Eltern und die Voraussetzungen für die Einreise.

> *Wichtig:* Wurde das Kind in seinem Heimatland adoptiert und ist das Heimatland des Kindes Vertragsstaat des Haager Übereinkommens, so erübrigt sich eine Entscheidung des deutschen Vormundschaftsgerichts. Die Anerkennung dieser Adoption in Deutschland erfolgt per Gesetz.
> Hat die Adoption in einem Staat stattgefunden, der nicht dem Haager Übereinkommen angehört, kann sie auf Antrag von einem deutschen Vormundschaftsgericht anerkannt werden.

Wer internationale Adoptionen vermitteln darf:

- anerkannte Auslandsvermittlungsstellen freier Träger
- zentrale Adoptionsstellen der Landesjugendämter
- Adoptionsstellen der örtlichen Jugendämter, sofern dies die zentralen Adoptionsstellen der Landesjugendämter gestatten
- zugelassene ausländische Organisationen, wenn ihnen im Einzelfall die Tätigkeit durch die Bundeszentrale für Auslandsadoption beim Generalbundesanwalt gestattet ist

Wer mit einer nicht staatlich anerkannten Auslandsvermittlungsstelle zusammenarbeitet, bewegt sich unter Umständen in einer Grauzone.

Adoptionsvermittlungen durch Personen oder Agenturen, die dafür keine Zulassung besitzen, sind gesetzlich verboten. Wer sich darauf einlässt, adoptiert illegal und riskiert, dass das Vormundschaftsgericht die Adoption nicht anerkennt.
Zudem müssen Sie in diesem Fall immer damit rechnen, dass mit der Adoption etwas nicht in Ordnung ist, dass die Mutter des Kindes zum Beispiel der Adoption nicht zugestimmt hat bzw. zur Adoption überredet wurde.

Die Eignung der Bewerber

Wie bei Inlandsadoptionen stellen die örtlichen Jugendämter die Eignung der Bewerber fest und erstellen einen Sozialbericht (»home study«), der den Bewerbern jedoch nicht ausgehändigt wird. Er wird entweder an eine internationale Adoptionsvermittlungsstelle im Inland oder, wenn das Jugendamt selbst vermitteln darf, direkt an eine zuständige Stelle im Heimatland des Kindes geschickt.
Die Jugendämter begleiten die Eltern auch bei Auslandsadoptionen vor und nach der Adoption mit einer Vielzahl von Hilfsangeboten, wie Seminare über allgemeine Fragen der Auslandsadoption und Gespräche mit anderen Eltern.

Die Aufnahme des Kindes

Wenn sich Eltern für ein Kind entscheiden, das von der ausländischen Einrichtung vorgeschlagen und von der deutschen Adoptionsstelle geprüft wurde, wird entweder die Adoption im Heimatland des Kindes nach dortigem Recht vollzogen oder es wird entschieden, dass das Kind den Adoptionsbewerbern zur Pflege anvertraut wird. Nach Ablauf der Übergangszeit kann dann ein Vormundschaftsgericht in Deutschland die Annahme rechtlich sanktionieren.

Die Auslandsvertretung Deutschlands im Heimatland des Kindes stellt Einreisepapiere für das Kind aus. Zuvor muss die Ausländerbehörde in Deutschland der Einreise und dem dauerhaften Aufenthalt des Kindes zustimmen.

Mögliche Hindernisse

Adoptionen von Kindern durch Ausländer sind keinesfalls in jedem Land möglich.

Wer sich auf die Adoption eines Kindes aus einem ganz bestimmten Land festlegt, erlebt unter Umständen eine böse Überraschung.

Denn längst nicht alle Länder gestatten die Adoption von Kindern durch Ausländer. Einige beschränken sich auf Ausländer, die im Lande selbst leben. Andere wiederum kennen nur Adoptionen mit schwacher Wirkung, bei denen die rechtlichen Beziehungen des Kindes zu seinen leiblichen Eltern erhalten bleiben und das Kind nicht den Status eines leiblichen Kindes seiner neuen Eltern erhält. Letzteres trifft vor allem auf Staaten mit islamisch geprägter Rechtsordnung zu.

Generell können sich Adoptionswillige nur um ein Kind aus einem konkreten Land bewerben. Das Jugendamt sendet die Unterlagen an die Vermittlungsstelle, die Kinder aus diesem Land vermittelt. Mehrfachbewerbungen sind nicht zulässig, ebensowenig wie Bewerbungen direkt im Wunschland.

Die Kosten

Die Kosten und Honorare, die bei der Vorbereitung der Eltern auf die Adoption und bei der Adoption im Heimatland des Kindes entstehen, werden in der Regel den Adoptionsbewerbern in Rechnung gestellt. Dazu gesellen sich natürlich Flug- und Aufenthaltskosten; auch die Kosten für den Heimaufenthalt des Kindes in seinem Heimatland von der Zustimmung zum

> Diese Fragen sollten Sie bezüglich der Kosten stellen:
> - Gibt es eine detaillierte Aufstellung über die Kosten – auch unter Berücksichtigung länderspezifischer Besonderheiten – für das gesamte Verfahren (zum Beispiel Verwaltung, Seminare usw.)?
> - Wie sind die Zahlungsmodalitäten/Fälligkeiten?
> - Sind die aufgezählten Kosten abschließend?
> - Welche Kosten entstehen, wenn ein Kindervorschlag abgelehnt wird?
> - Wie hoch sind die Kosten für die Tätigkeit des ausländischen Partners und was wird damit abgedeckt (zum Beispiel Notar, Arzt, Übersetzungen)?
> - Kommen dort eventuell Auslagen und Spesen hinzu, zum Beispiel bei Reisen der dortigen Mitarbeiter im Lande?
> - Werden Unterbringungskosten für das Kind nach Einleitung des Verfahrens entstehen? Werden Spenden für Einrichtungen im Herkunftsland erwartet, und wie verpflichtend ist dies?
> - Mit welchen eigenen Kosten muss man im Verlauf des Adoptionsverfahrens rechnen (zum Beispiel Reisekosten, Übernachtung, Visa usw.)?
>
> *(Quelle: Bundesverband der Pflege- und Adoptivfamilien e. V.; www.pfad-ev.de)*

Was viele Bewerber im Eifer übersehen: Auslandsadoptionen kosten Geld.

Kindervorschlag bis zur Abreise nach Deutschland können auf den Bewerber zukommen. 5.000 Euro plus Flugkosten sind da keine Seltenheit!

Das hässliche Geschäft mit dem Kinderwunsch: Menschenhandel

Auslandsadoptionen im legalen Rahmen können durchaus zum Erfolg führen, wenn Vermittler im Herkunfts- und im Inland sowie die Adoptionseltern alles oder möglichst viel richtig machen. Im Folgenden soll es jedoch um die Schattenseiten eines übermächtigen Kinderwunsches gehen, bei dessen Erfüllung Eltern bewusst oder unbewusst Grenzen überschreiten.

Auslandsadoptionen erfolgen nicht selten auf illegalem Wege und stellen damit eine Form des Menschenhandels dar.

»Die stark angestiegene Zahl adoptionswilliger Ehepaare und Einzelpersonen und die demgegenüber geringe Anzahl der im Inland zur Adoption vorgemerkten Kinder haben in der Vergangenheit häufig dazu geführt, dass adoptionswillige Ehepaare sich Kinder haben im Ausland vermitteln lassen, wobei auch die Dienste illegaler Vermittler in Anspruch genommen wurden.« So formuliert es sachlich eine Broschüre der Bundeszentrale für Auslandsadoptionen beim Generalbundesanwalt.
Jedes Jahr adoptieren deutsche Paare etwa 1.100 Kinder aus dem Ausland. Nur ein kleiner Teil dieser Kinder wird über seriöse und amtlich anerkannte Vermittlungsstellen adoptiert. Sehr viele Kinder werden an Vermittlungsstellen und den bestehenden Gesetzen vorbei nach Deutschland gebracht, um Paaren ihren Kinderwunsch zu erfüllen. Auch in Deutschland gibt es einen Kinderhandelsmarkt. Die Hilfsorganisation Terre des Hommes wies mit ihrer Studie »Kein Kind um jeden Preis« schon vor einigen Jahren nach, dass deutsche Paare zum Teil privat und vor Ort, zum Teil über unseriöse, vor allem amerikanische Agenturen Kinder aus Staaten der Dritten Welt und zunehmend aus Osteuropa nach Deutschland adoptieren. Die

kriminellen Praktiken bei der Beschaffung sind ausgeklügelt und weitreichend.

Kriminelle Praktiken bei illegalen Auslandsadoptionen

- Urkundenfälschung, wie Geburts- und Personenstandsurkunden, Sozialberichte (»home studies«), Einwilligungserklärungen der Mütter bzw. Eltern und Totenscheine,
- Bestechung, etwa von Hebammen und Staatsbediensteten,
- Kindesentführung, oft auf offener Straße, vor allem in den Randzonen der Megastädte Asiens und Lateinamerikas,
- falsche Vaterschaftsanerkenntnis durch einen deutschen Vater; das Kind bekommt den deutschen Familiennamen und die deutsche Staatsangehörigkeit und muss von der Ehefrau nur noch als Stiefkind adoptiert werden,
- gezielte Schwangerschaft für späteren Verkauf des Kindes,
- Vortäuschung einer Geburt im Ausland (ein Ehepaar bekommt den gekauften Säugling in einer Privatklinik ausgehändigt).

(Quelle und weitere Informationen: Terre des Hommes, www.tdh.de)
Bei diesen Praktiken ist das Wort »Adoption« wirklich fehl am Platz, da es hierbei nicht um die Aufnahme eines verlassenen, sondern um den Kauf eines Wunschkindes geht. Wer sicher gehen will, dass er ein wirklich verlassenes Kind auf legale und ordentliche Weise adoptiert, sollte unbedingt auf die Hilfe einer in Deutschland zugelassenen Adoptionsvermittlungsstelle zurückgreifen (Adressen finden Sie im Anhang dieses Buches, Seite 141 ff.).
Die erste und eine der engagiertesten Adoptionsvermittlungsstellen in Deutschland – Terres des Hommes – hat 1994 ihre Vermittlungstätigkeit eingestellt und kümmert sich um die Nöte der Kinder vor Ort. Der Grund: Das Prinzip »Eltern für Kinder« wird durch die Erfüllung des Kinderwunsches wohlhabender

Eltern aus europäischen Industriestaaten um jeden Preis – und gegen die Würde und Rechte der betroffenen Kinder und ihrer leiblichen Mütter – oft ins Gegenteil verkehrt.

So werden nach Auskunft von Terres des Hommes in Deutschland auch heute noch 70 bis 80 Prozent aller Fremdadoptionen aus dem Ausland an den staatlich autorisierten Fachvermittlungsstellen vorbei und nicht selten mit Hilfe eindeutig krimineller Machenschaften realisiert.

Allen Interessenten an einer Auslandsadoption empfiehlt Terre des Hommes:

- Setzen Sie sich mit der Adoptionsvermittlungsstelle des für Sie zuständigen Jugendamtes in Verbindung!
- Nehmen Sie unbedingt Kontakt mit einer in Deutschland zugelassenen Fachstelle für Auslandsadoptionen auf!
- In jedem Fall: Verzichten Sie auf vermeintlich »schnelle und unbürokratische Hilfe« durch private Vermittler (Anwälte, Ärzte, Pfarrer usw.) hier oder im Ausland!

Wann eine Adoption nicht möglich ist

Leider kann es vorkommen, dass eine Bewerbung um eine Adoption nicht erfolgreich endet. Zum einen können die leiblichen Eltern des Kindes ihre Einwilligung verweigern, zum anderen kann es sein, dass adoptionswillige Eltern bestimmte Kriterien nicht erfüllen. Dabei ist stets zu bedenken, dass die Beurteilung immer zum Wohle des Kindes entschieden wird.

Wenn Adoptionen unmöglich sind

Die Freigabe ihres Kindes zur Adoption sollte für Eltern der letzte Schritt in einer langen Kette von Überlegungen und Bemühungen sein. Vorher sollten sie, unterstützt von vielfältigen Hilfsangeboten, alles versuchen, um einen Weg zu finden, ihr Kind zu behalten. Erst danach, wenn sie zu der Entscheidung gekommen sind, dass es für ihr Kind das Beste ist, in einer anderen Familie aufzuwachsen, ist eine Adoptionsfreigabe gerechtfertigt. Doch auch dann ist eine Adoption nicht in jedem Fall möglich: Wenn die leiblichen Eltern trotz der Aufnahme des Kindes durch geeignete Adoptiveltern das Verfahren verschleppen oder wenn Bewerber bestimmte Kriterien nicht erfüllen. Das führt häufig zu schlimmen Enttäuschungen.

Durch das große Angebot an potenziellen Eltern können die Jugendämter sehr gründlich und sehr verantwortlich darüber entscheiden, welches Elternpaar sich am besten für ein verlassenes Kind eignet.

Wenn Eltern nicht geeignet sind

Bei der Vermittlung zur Adoption steht immer das Wohl des Kindes im Vordergrund. Deshalb werden die Bewerber sehr sorgfältig geprüft.

Die Adoptionsvermittlungsstellen haben den Auftrag, die soziale Eignung der potenziellen Eltern zur Aufnahme eines Adoptivkindes genau zu prüfen. Damit soll sichergestellt werden, dass verlassene Kinder bei ihrem zweiten Start die denkbar besten Voraussetzungen bekommen, und verhindert werden, dass sie ein weiteres Mal verlassen werden. Das Eignungsverfahren kann sich über Monate hinziehen und umfasst eingehende Befragungen zum Teil in der Wohnung der Antragsteller, aber auch in Gruppenspielen, -diskussionen und Seminaren. Wichtig ist, dass Sie sich möglichst kooperativ zeigen und auf die Fragen mit der nötigen Offenheit und Ernsthaftigkeit antworten. Denn je besser Sie sich über Ihre Adoptionsmotive bewusst geworden sind, desto überzeugender werden Sie Ihre Eignung demonstrieren können. Falls Sie sich jedoch über Ihre Motivlage noch unklar sind, diffuse Vorstellungen vom Zusammenleben mit einem Adoptivkind haben oder in den Gesprächen erkennen lassen, dass Sie ein Adoptivkind suchen, um familiäre Probleme zu lösen, kann Ihnen die Eignung verweigert werden. Generell gibt es kein Schema, nach dem die Eignung positiv oder negativ ausfällt, sondern es wird immer am Einzelfall entschieden. Es ist eher selten, dass ein Elternpaar als nicht geeignet eingestuft wird, da man sich in aller Regel schon vorab über längere Zeit sehr intensiv mit dem Thema und den eigenen Motiven auseinandergesetzt hat.

Eltern oder Kind geben keine Einwilligung

Die Freigabe eines Kindes durch seine leiblichen Eltern ist die Grundvoraussetzung dafür, dass eine Adoption zu Stande kommt. Welche Einwilligungen nötig sind, können Sie im Kapitel »Der Ablauf eines Adoptionsverfahrens« ab Seite 63 nachlesen. Priorität hat dabei die Einwilligung des Kindes. Ist ein Kind – ob aus stichhaltigen Gründen oder nicht – mit der Adoption durch eine konkrete Familie nicht einverstanden, wird es zu keiner Adoption kommen. Kinder sollten immer vor Gericht angehört werden, um ihren Willen zu äußern. Auch dann, wenn sie noch keine 14 Jahre alt und eigentlich noch nicht in der Lage sind, die Bedeutung einer solchen Willenserklärung zu verstehen. Normalerweise muss bei kleinen Kindern der gesetzliche Vertreter statt des Kindes selbst in die Adoption einwilligen.

Es ist im Interesse des Kindes wie auch der künftigen Adoptivfamilie, dass sich das Kind – wenn es das schon beurteilen kann – freiwillig und gern der Familie anschließt.

Die leiblichen Eltern machen Einschränkungen

Leibliche Eltern haben ein Mitspracherecht bei der Auswahl der künftigen Familie ihres Kindes. So können sie ihre Einwilligung in die Adoption mit bestimmten Einschränkungen verknüpfen, etwa, dass die künftigen Eltern verheiratet sein sollen oder eine bestimmte Konfession oder Staatsangehörigkeit haben. Dagegen schreibt das Gesetz (BGB § 1750, Absatz 2) vor: »Die Einwilligung kann nicht unter einer Bedingung oder einer Zeitbestimmung erteilt werden.« Einschränkungen beziehen sich auf bereits vorhandene Umstände, wie sie in der konkreten Adoptionsfamilie gegeben sind, auf die sich die Einwilligung bezieht. Weiter gehende Bedingungen, wie »Mein Kind soll eine Privatschule besuchen«, sind dagegen nicht statthaft.

Das Alter der Adoptiveltern

Die Adoptiveltern müssen in ihrer Persönlichkeit gefestigt und dennoch flexibel sein, um sich auf das Leben mit einem Kind einstellen zu können.

Wenn Eltern ein minderjähriges Kind adoptieren, sollten sie weder zu jung noch zu alt sein. Im Interesse einer harmonischen Entwicklung des Kindes achten Adoptionsvermittlungsstellen darauf, dass der Altersunterschied zwischen Kindern und Eltern dem in der Gesellschaft üblichen entspricht. Als untere Altergrenze hat das Gesetz festgelegt, dass ein Partner mindestens 25 und der andere mindestens 21 Jahre alt sein muss. Wenn Alleinerziehende adoptieren wollen, gilt immer die 25-Jahres-Grenze. Damit soll erreicht werden, dass Eltern eine bestimmte sittliche Reife, eine halbwegs gefestigte Persönlichkeit und ausreichend Lebenserfahrung besitzen, um für die Erziehung eines Kindes, und ganz besonders eines Adoptivkindes, gewappnet zu sein.

Eine obere Altersgrenze legt der Gesetzgeber nicht konkret fest. Im Interesse des Kindeswohls dürfen Eltern allerdings bei der Adoption eines Säuglings oder Kleinkindes nicht wesentlich älter als 35 Jahre sein. Entsprechend verschiebt sich die Relation bei der Adoption eines älteren Kindes. Dahinter steht auch die Überlegung, dass Paare nach langer kinderloser Ehe oftmals in der Praxis gar nicht mehr in der Lage sind, ihren Lebensstil so zu verändern, wie es das Leben mit einem Kind erfordert.

Das Kind ist da!

Nach der wichtigen Zeit der Anbahnung – bei Auslandsadoptionen müssen Eltern und Kinder leider oft ganz darauf verzichten – kommt das Kind in Ihre Familie. Damit beginnt die Zeit der Adoptionspflege, die rechtlich gesehen eine Interimszeit darstellt, bevor das Kind endgültig adoptiert werden kann.

Adoptionspflege: die Zeit »dazwischen«

Während der Adoptionspflege, die man als Rechtsverhältnis zwischen den Herkunfts- und den Pflegeeltern auf Vermittlung des Jugendamtes bezeichnen kann, ist das Kind noch Kind seiner Herkunftseltern, deren Sorgerecht aber ruht. Die Adoptiveltern haben das Sorgerecht noch nicht, sodass in dieser Zeit das Jugendamt der Vormund des Kindes ist.

Der Unterschied zur normalen Vollzeitpflege eines Kindes besteht unter anderem darin, dass künftige Adoptiveltern keine Erlaubnis des Jugendamtes brauchen, da ihre Eignung durch die Prüfung ja bereits festgestellt wurde. Und: Sie bekommen kein Pflegegeld, sondern sind für das Kind bereits voll verantwortlich, auch finanziell.

Damit wird der besondere Status des Kindes in dieser Zeit an der Schwelle zur Adoption bekräftigt: Eltern sollen sich mit allen Konsequenzen auf ihre Elternschaft vorbereiten. Dementsprechend haben sie in dieser Zeit, die meist ein Jahr dauert, auch schon Anspruch auf Erziehungsgeld, Elternurlaub und Anrechnung auf Kindererziehungszeiten (siehe Seite 114 ff.).

Während der Adoptionspflege sollen sich Eltern mit allen Konsequenzen auf die Elternschaft vorbereiten.

Adoptionspflege ist keine »Probezeit«!

Oft wird diese Übergangs- oder Eingewöhnungsphase als Probezeit für Eltern und Kind gewertet. Dies entspricht aber nicht der Intention des Gesetzgebers. Er geht davon aus, dass mit Beginn der Adoptionspflege die Zeit der Prüfung vorbei ist, das heißt, die Eignung der Eltern für dieses spezielle Kind muss bereits feststehen, Informationen wurden bereits ausgetauscht, Eltern und Kind hatten Zeit, sich kennen zu lernen.

Indem Eltern tatsächlich und über einen längeren Zeitraum für ein Kind verantwortlich sind, zeigt sich für die Vermittlungsstelle, ob sich eine echte Beziehung entwickelt und die Adoption wirklich zum Wohl des Kindes gereicht. Somit ist die Adoptionspflege der letzte Schritt auf dem Weg zur Eignungsfeststellung, die in der Befürwortung und dem entsprechenden Beschluss des Vormundschaftsgerichts mündet.

Das Adoptionsdekret

Während der Adoptionspflege können Eltern die Entscheidung für das Kind im Notfall rückgängig machen; auch das Jugendamt hat das Recht, das Kind zurückzuholen. Beides sollte jedoch nur in Ausnahmefällen geschehen, um dem Kind die erneute Trennung zu ersparen.

Die Adoptionspflege endet mit dem Abschluss des Adoptionsverfahrens und dem so genannten Adoptionsdekret. Das ist ein Beschluss des Vormundschaftsgerichts am Wohnort der Adoptiveltern, der die Adoption rechtswirksam werden lässt. Bei seiner Entscheidung stützt sich das Gericht in erster Linie auf ein Gutachten, das die zuständige Adoptionsstelle erstellt. Dieses Gutachten beruht sowohl auf dem Ergebnis der Eignungsfeststellung als auch auf der Entwicklung, die das Eltern-Kind-Verhältnis in der Adoptionspflegezeit genommen hat.

Das Adoptionsdekret macht die Adoption rechtswirksam.

Durch den Beschluss des Vormundschaftsgerichts, den es auf Ihren notariell beglaubigten Antrag hin verkündet, wird das Kind nach der Adoptionspflegezeit Ihr Kind. Es wird ein vollständiges Mitglied Ihrer Familie, die Rechte der leiblichen Eltern erlöschen, auch die Rechtsbeziehungen zu anderen Verwandten enden.

Das Kind erhält Ihren Familiennamen, was in einer neuen Geburtsurkunde dokumentiert ist, die Sie für das Kind erhalten. Gleichzeitig wird der neue Familienname des Kindes, der von nun an als Geburtsname gilt, in das Geburtenbuch als Randbemerkung eingetragen. Auch in Ihr Familienbuch wird das Kind eingetragen, mit einem Hinweis auf den Adoptionsbeschluss. Der Vorname des Kindes kann nur aus schwerwiegenden Gründen zum Wohle des Kindes geändert werden.

Gebühren für eine Inlandsadoption und den Gerichtsbeschluss werden nicht erhoben. Lediglich die notarielle Beurkundung des Adoptionsantrags kostet eine relativ geringe Gebühr.

Finanzielle Hilfen

Wer ein Kind adoptiert, bekommt – auch schon während der Adoptionspflegezeit – die gleichen finanziellen Zuwendungen und sozialen Leistungen wie andere Eltern. Dafür müssen folgende Stellen informiert werden:

Auch Adoptiveltern stehen finanzielle Hilfen wie etwa Elterngeld zu.

- Einwohnermeldeamt zur Anmeldung des Kindes,
- Finanzamt zur Eintragung eines Kinderfreibetrages und Änderung der Steuerklasse,
- Arbeitgeber zur Beantragung von Elternzeit,
- Kindergeldkasse für Kindergeld, Krankenkasse, damit das Kind familienversichert ist,
- Erziehungsgeldstelle für die Beantragung von Erziehungsgeld,
- Kinderarzt, um ihm das ärztliche Gutachten des Kindes vorzulegen.

Wie anderen Eltern auch stehen den Adoptiveltern Elterngeld und Elternzeit zu.

Die Elternzeit beginnt für Kinder in der Adoptionspflegezeit bzw. für adoptierte Kinder (ohne Pflegezeit) von dem Zeitpunkt an, an dem Sie das Kind zu sich nach Hause nehmen; sie reicht höchstens bis zum achten Geburtstag des Kindes und dauert maximal drei Jahre. Damit kommen auch Eltern, die ein älteres Kind aufnehmen, in den Genuss der Elternzeit, um ihr Kind optimal betreuen zu können. Voraussetzung ist allerdings, dass die Eltern erwerbstätig sind. Dann müssen sie in der Regel acht Wochen vor dem gewünschten Beginn der Elternzeit den Arbeitgeber davon unterrichten. Da Adoptivkinder manchmal sehr kurzfristig in ihre neue Familie kommen, dürfen die Fristen in diesen Fällen auch geringer ausfallen; allerdings müssen auch die Interessen des Arbeitgebers berücksichtigt werden.

Das Elterngeld

Das Elterngeld fängt einen Einkommenswegfall nach der Geburt des Kindes auf. Es beträgt 67 Prozent des durchschnittlich nach Abzug von Steuern, Sozialabgaben und Werbungskosten vor der Geburt monatlich verfügbaren laufenden Erwerbseinkommens, höchstens jedoch 1.800 Euro und mindestens 300 Euro. Nicht erwerbstätige Elternteile erhalten den Mindestbetrag zusätzlich zum bisherigen Familieneinkommen. Das Elterngeld wird an Vater und Mutter für maximal 14 Monate gezahlt; beide können den Zeitraum frei untereinander aufteilen. Ein Elternteil kann dabei höchstens zwölf Monate für sich in Anspruch nehmen, zwei weitere Monate gibt es, wenn in dieser Zeit Erwerbseinkommen wegfällt und sich der Partner an der Betreuung des Kindes beteiligt. Alleinerziehende, die das Elterngeld zum Ausgleich wegfallenden Erwerbseinkommens beziehen, können aufgrund des fehlenden Partners die vollen 14 Monate Elterngeld in Anspruch nehmen.

Hilfen annehmen und einfordern

Mit dem Ende der Adoptionspflege und dem offiziellen Ausspruch der Adoption ist formal gesehen auch das Ende der Begleitung durch das Jugendamt gekommen. Ihr Rechtsanspruch auf Beratung bezieht sich streng genommen nur auf die Zeit der Vermittlung und der Adoptionspflege. Dennoch stehen Sie mit den Problemen, die unweigerlich auf Sie und Ihr Kind zukommen, nicht allein da. Wenn sich während der Vermittlung ein gutes Verhältnis zwischen Sozialarbeiter und Eltern

Auch nach Abschluss des Adoptionsverfahrens stehen Sozialarbeiter mit Rat und Tat zur Verfügung

aufgebaut hat, werden beide Seiten interessiert daran sein, den Kontakt aufrechtzuerhalten. Die oft langjährigen Erfahrungen der Jugendamtsmitarbeiter helfen den Eltern, Schwierigkeiten und Erfolge ihrer Kinder richtig zu bewerten und einzuordnen. Schon die Tatsache, dass fachkundige Hilfe da ist, die bei Bedarf abgefordert werden kann, ist für viele Eltern eine große Entlastung. Bei halboffenen Adoptionen laufen die Kontakte zwischen Herkunfts- und Adoptionsfamilie nicht selten über das Jugendamt, sodass der Kontakt schon dadurch gegeben ist.

Daneben kann jede örtliche Erziehungs- und Familienberatungsstelle aufgesucht werden. So haben die Jugendämter eigene Beratungsangebote, die von Erziehungsberatung über Kinder- und Familientherapien bis hin zu Paartherapien und vielfältigen Informationsveranstaltungen reichen. Viele freie Träger der Jugendhilfe von gemeinnützigen Vereinen bis hin zu Wohlfahrtsverbänden, wie die Arbeiterwohlfahrt, Caritas, Diakonisches Werk und Rotes Kreuz, haben eigenständige Beratungs- und Therapieangebote entwickelt, oft bis zur Krisenberatung oder sogar stationären Unterbringung von Kindern in Krisensituationen. Einen Überblick über Beratungsstellen in Ihrer Nähe finden Sie auf der Homepage der Bundeskonferenz für Erziehungsberatung unter www.bke.de.

Wichtig: Wer diese Angebote wahrnimmt, zeigt damit nicht Hilflosigkeit und Schwäche, wie viele Eltern meinen. Im Gegenteil: Wer zugibt, dass er Hilfe benötigt, ist bereits den ersten und entscheidenden Schritt gegangen!

Die Eingewöhnungsphasen des Kindes

Kinder verhalten sich nicht vorhersehbar, da sie bereits kleine Persönlichkeiten mit vielen, auch schlimmen Erfahrungen sind.

Dennoch unterscheiden sich grob drei Phasen, die mehr oder weniger alle Adoptivkinder durchmachen.
Säuglinge gewöhnen sich naturgemäß sehr leicht an die neuen Bezugspersonen und das neue Zuhause. Ältere Kinder hingegen benötigen Zeit und Raum, um die neue Situation für sich zu klären und einzuordnen. Wie lange sie dafür brauchen, hängt vom Alter und von den Vorerfahrungen ab.
Auch davon, ob Sie eine offene Form der Adoption gewählt haben oder nicht, wird die Eingewöhnung des Kindes beeinflusst. Zwei Elternpaare zu haben kann die Integration in die neue Familie verzögern. Gleichzeitig mindert es die Trauer um den Verlust, wenn der Kontakt zu den bisherigen Eltern erhalten bleibt, sodass das Kind sich eher »erlaubt«, neue Beziehungen aufzubauen.

Eltern sollten sehr genau beobachten, wie sich das Verhalten ihres Kindes gestaltet und bei Zweifeln oder Sorgen Hilfe einfordern.

Typische Eingewöhnungsphasen

1. Überangepasste oder Schmeichelphase: In der ersten Zeit verhalten sich viele Kinder ruhig, lieb und sind bemüht, sich so gut es geht in den Familienalltag einzufügen. Die Angst davor, wieder abgegeben zu werden, wenn man sich nicht »richtig« verhält, dominiert die Gefühlswelt.
2. Test- oder Provokationsphase: Ist die Sicherheit in den Beziehungen zur neuen Familie gewachsen, testet das Kind seine Grenzen aus. Es rivalisiert mit Geschwistern, ist aggressiv den Eltern gegenüber und droht gar, wieder ins Heim zurückzugehen. Dieses Verhalten kann verschiedene Ursachen haben. Zum einen haben diese Kinder oft ein tiefes Misstrauen gegenüber Bindungen und vermeiden sie, um nicht erneut verletzt und verstoßen zu werden. Zum anderen sind die Provokationen der unbewusste Versuch herauszufinden, was die neue Familie an Belastungen aushält und wie weit es gehen kann, ohne bestraft oder verlassen zu werden. Dieses Austesten fordert ein fast über-

menschliches Maß an Geduld. Auch babyhaftes Verhalten, mit dem das Kind den Mangel an Zärtlichkeit und Nähe früherer Tage ausgleichen will, und Konzentrationsschwächen, Sprachprobleme sowie Verhaltensauffälligkeiten in der Schule können diese Phase begleiten. Schön, wenn Sie diesen Zeitabschnitt mit Humor tragen können! Setzen Sie allmählich und behutsam, aber konsequent Grenzen, stellen Sie Regeln auf und fordern Sie geduldig ihre Einhaltung, und zeigen Sie gleichzeitig Verständnis, damit das Kind die Geborgenheit spürt, die ihm von der Familie trotz allem geboten wird.

3. Integrationsphase: In dieser Phase baut das Kind Vertrauen auf und öffnet sich seiner neuen Familie. Es akzeptiert die Familie als »seine«, wenn auch von Kind zu Kind mit unterschiedlicher Intensität. Es fühlt sich – wenn alles gut läuft – nicht bei jeder Kritik abgelehnt und als »zweite Wahl«. Es übernimmt Verantwortung für seine neue Familie und ist Teil einer normalen, gesunden Lebensgemeinschaft.

Wie sag ich's meinem Kind?

Viele Eltern fragen sich, wann der richtige Moment gekommen ist, um ein Kind über seine (Inkognito-) Adoption aufzuklären, und wie sie mit ihm darüber sprechen sollen. Die größte Sorge der Eltern ist die bange Frage, ob das Kind sie noch ebenso als Eltern akzeptieren und vorbehaltlos lieben wird, wenn es von seiner Adoption erfährt. Einem älteren Kind, so beruhigen sich vielleicht manche Eltern, können wir die Wahrheit eher zumuten als einem kleinen – aber stimmt das überhaupt? Entscheidend ist, dass Sie als Eltern den Begriff »adoptiert« stets in einem zärtlichen und liebevollen Kontext verwenden und Gespräche darüber in entspannter, positiver Atmosphäre führen.

Adoption – Teil der Lernwelt des Kindes

Wann ist das Kind im richtigen Alter, um von seiner Adoption zu erfahren? In der Pubertät, in der es ohnehin mit widersprüchlichen Gefühlen zu kämpfen hat und nichts so sehr braucht wie die Sicherheit eines stabilen Elternhauses? Wohl kaum. Also erst, wenn es erwachsen ist? Bis dahin ist es ganz sicher von anderer Seite »aufgeklärt« worden, in der Schule, von Nachbarn oder anderswo. Der Schock, auf diese Weise und von Fremden die Wahrheit zu erfahren, und das Gefühl, über Jahre belogen und hintergangen worden zu sein, ist auch von einem großen oder erwachsenen Kind kaum zu ertragen.

Entscheidend ist, dass Sie als Eltern den Begriff »adoptiert« stets in einem liebevollen Kontext verwenden.

Daher sollten sich Eltern vornehmen, ihr Adoptivkind in der Gewissheit aufwachsen zu lassen, dass »Adoptiert-Sein« etwas Schönes und Positives ist. Das geht am besten, indem Eltern die natürliche Neugier und die Fragen ihres Kindes von Anfang an nutzen, um Antworten zur Adoption in den ganz normalen Lernprozess einzubauen. Und dieser Prozess beginnt mit der Geburt des Kindes.

Entsprechend beginnt auch die »Aufklärung« bereits beim ganz kleinen Kind und setzt sich dem Alter entsprechend fort. Wir haben es hier mit einem lebenslangen Prozess zu tun, nicht mit einem einmaligen Akt. Manchen Eltern hilft es, bereits ihrem Kleinkind zu erzählen, wie schön es war, als sie es aus dem Krankenhaus abgeholt haben. Andere erzählen Geschichten, etwa von einem jungen Vögelchen, das aus dem Nest gefallen ist und von anderen Vogeleltern liebevoll aufgezogen wird. Es gibt auch sehr schöne Kinderbücher zum Vorlesen, die sich mit diesem Thema befassen.

Wichtig ist, dass das Kleinkind mit dem Begriff »Adoption« angenehme Gefühle verbindet und sich von klein auf sicher ist, dass seine Eltern glücklich darüber sind, ein Adoptivkind zu haben. Später können Sie dann ganz natürlich über weiter gehende Probleme sprechen, je nachdem, was das Kind wissen will.

Ein Prozess des Begreifens

Auch wenn Kinder das Thema Adoption nie von sich aus zur Sprache bringen, bedeutet das nicht unbedingt, dass sie keine Fragen haben. Sie sollten daher immer wieder darauf zu sprechen kommen, wenn es einen passenden Anlass gibt. Das Kind merkt mit der Zeit, dass ihm Adoption bereits vertraut ist und es keinen Grund gibt, sich deswegen zu fürchten.

Kinder spüren genau, wenn die Adoptiveltern Angst und Unsicherheit gegenüber der Tatsache empfinden, dass ihr Kind adoptiert ist.

> *Wichtig:* Selbst dann, wenn Sie Ihr Kind von Anfang an mit dem Gedanken an seine Adoption vertraut machen, bedeutet das noch nicht, dass das kleine Kind den tatsächlichen Sinn auch wirklich begreift.

Viele Adoptivkinder glauben im Vorschulalter noch, dass alle Menschen adoptiert werden oder dass Geburt und Adoption dasselbe sind. Entsprechend müssen die Eltern mit ihren Kindern fortlaufend im Gespräch bleiben und ihr Wissen um die Adoption erweitern. Vom allgemeinen noch undifferenzierten Gefühl, adoptiert worden zu sein, konkretisiert sich ihr Wissen schrittweise entsprechend ihrem Alter. Im ersten Lebensjahrzehnt können Kinder Einzelheiten noch nicht verstehen und sollten daher nicht überfordert werden. Ab 12, 13 Jahren sind sie dann in der Lage, sehr intensive, informative und offene Gespräche über alle Aspekte der Adoption zu führen.

Wenn Eltern in dieser Lebensphase keinen Informationsbedarf mehr sehen, den Mantel des Vergessens über die Sache decken wollen und sich als »ganz normale Familie« postulieren, nehmen sie den Kindern eine wichtige Möglichkeit, ihre Adoption auch verstandesmäßig zu verarbeiten.

Bei offenen Formen der Adoption, bei denen die leiblichen Eltern nicht völlig verschollen sind, gestaltet sich der Aufklärungs- und Erklärungsprozess häufig einfacher.

Wie Sie mit Ihrem Kind über die Adoption sprechen können

Das Thema Adoption sollte immer als Grund zur Freude dargestellt werden und nicht als Grund zur Besorgnis. Entscheidend kann schon der erste Eindruck sein, den das Kind dabei gewinnt. Kinder, die die Angst der Eltern spüren, trauen sich später oft nicht, wichtige Fragen zu ihrer Adoption zu stellen. Was genau gesagt wird, richtet sich nach dem Alter des Kindes. Im Kleinkindalter ist das Gefühl des Angenommenseins entscheidend, weniger die Details. Ab einem Alter von drei, vier Jahren wollen Kinder wissen, woher sie kommen. Sie stellen endlos Fragen. Das sind wichtige Gelegenheiten, in einem zwanglosen Frage-Antwort-Spiel das Besondere der Adoption ebenso natürlich zu erklären wie die Frage, wo Kinder überhaupt herkommen. Allerdings sollte Kindern klar gemacht werden, dass Adoption keine Alternative zur Geburt ist, sondern auch Adoptivkinder im Bauch einer Mama gewachsen sind, aber nicht bei ihr leben können.

Schon mit drei, vier Jahren wollen Kinder wissen, woher sie kommen.

Gesprächsanlässe finden

Wenn Kinder gar keine Fragen stellen, können die Eltern selbst Anlässe schaffen, etwa ein Buch kaufen und vorlesen, das Familienalbum anschauen, ein Kasperltheaterstück aufführen oder mit Puppen spielen. Auch die Geburt eines Kindes in Familie oder Nachbarschaft kann ein willkommener Anlass sein, die Neugier des Kindes zu wecken. In vielen Familien wird der Tag der Ankunft des Kindes als bedeutendes Jubiläum gefeiert. Wenn es in der Familie üblich ist, alle Probleme offen zu besprechen, findet das Kind auch den Mut, Fragen zu seiner Adoption zu stellen. Am besten ist ein festes Ritual vor dem Schlafengehen oder beim Abendbrot, bei dem die Eltern ganz besonders intensiv auf die Fragen ihrer Kinder hören.

> *Wichtig:* Kinder formulieren Fragen oft indirekt oder als Feststellung. Eltern, die meinen, ihr Kind frage nie, hören vielleicht nicht intensiv genug zu.

Die Frage nach den Herkunftseltern

Wenn Kinder älter werden, wollen sie mehr über ihre Herkunftseltern wissen. Sie wollen sich ein Bild ihrer selbst machen und müssen in diesem Zusammenhang erfahren, wie die leiblichen Eltern sind: groß oder klein, gut im Sport oder im Zeichnen, welchen Beruf sie haben usw. Adoptiveltern sollten diese Fragen nicht als Konkurrenz betrachten, sondern als das normale Informationsbedürfnis von Kindern, die ihre eigene Identität finden. Dieser Prozess soll schließlich die Frage beantworten, warum man so ist, wie man ist. Wird sie ausreichend beantwortet und die natürliche Neugier gestillt, kann sich das Kind in Ruhe weiterentwickeln. Bleiben dagegen wichtige Fragen unbeantwortet, blüht die Fantasie der Kinder auf und Geheimnisse entstehen.

Geben Sie Ihrem Kind so viele Informationen wie möglich über seine Herkunftseltern.

Wie Sie über die Herkunftseltern sprechen

Alle Äußerungen über die Herkunftseltern Ihres Kindes sollten vor allem von Verständnis und Mitgefühl geprägt sein. Manche Adoptiveltern sprechen von der Herkunftsmutter liebevoll als »Bauchmama« oder »frühere« bzw. »erste« Mama. In jedem Fall ist sie bzw. sind die Herkunftseltern Teil der Lebensgeschichte des Kindes, mit dem es sich identifizieren will und muss. Gibt es keinen Zugang zu Informationen oder sind diese Informationen negativ gefärbt, ist dieser Prozess gestört. Schwierig ist die konkrete Frage zu beantworten: »Warum haben mich meine Eltern weggegeben?« Ganz zufriedenstellend wird keine

Antwort sein. Es kann auch passieren, dass die Antworten dem Kind wehtun. Das können Sie nie ganz verhindern, wohl aber mit Verständnis und Mitgefühl abmildern: »Deine Mama konnte nicht so gut für dich sorgen, wie sie wollte«, reicht kleinen Kinder unter Umständen als erste Erklärung aus. Später können Sie über die Beziehung der Eltern sprechen, über ihre damalige Lebenssituation und über die Notlage, unter der sie sich wahrscheinlich zur Adoption entschlossen haben. Sie müssen deutlich machen, dass die Eltern sehr traurig waren, als sie ihr Kind weggeben mussten, und dass sie sich Sorgen um sein Wohlergehen gemacht haben. Gleichzeitig muss klar werden, dass die Eltern damit einverstanden sind, dass das Kind in der neuen Familie glücklich wird.

> *Wichtig:* Auf keinen Fall sollten Sie eventuelle negative Emotionen gegenüber den Herkunftseltern dem Kind gegenüber äußern. So verständlich solche Gefühle unter Umständen sind: Da sich Kinder als Teil ihrer Herkunftseltern fühlen, beziehen sie diese Ablehnung auch auf sich. Wenn sie verstehen, dass ihre Eltern sie nicht aus Leichtfertigkeit weggegeben haben, sondern weil es in der damaligen Situation keinen anderen Ausweg gab, können sie sich leichter mit der Adoption abfinden und sie akzeptieren.

Wenn die Aufklärung versäumt wurde

Manche Eltern glauben, kleine Kinder könnten etwas so Schwieriges wie eine Adoption nicht verstehen und größere Kinder bekämen einen Schock, wenn sie davon erführen. Sie befinden sich in dem Dilemma, die Wahrheit über Jahre vor sich her schieben zu müssen. Erfahren es die Kinder dann doch und gar von Fremden auf eine negative Weise, dann kann das Vertrauensverhältnis auf lange Sicht, vielleicht für immer, zerstört sein. In diesem Fall erlebt das Kind die Adoption vielleicht als etwas, dessen man sich schämen muss und über das man nicht sprechen kann. Schadensbegrenzung ist in dieser Situation nur noch durch völlige Offenheit der Eltern möglich: Warum haben wir so lange geschwiegen? Welche Gefühle, Sorgen und Ängste haben uns dazu bewogen?

Wichtig: Nehmen Sie die Schuld für das Versäumnis ganz auf sich und machen Sie dem Kind deutlich, dass es allein Ihr Fehler war. Haben Sie plausible Gründe, die das Kind nachvollziehen kann, und geben Sie sie offen zu, dann ist das Kind entlastet: »Es lag nicht an mir, dass sie es nicht gesagt haben, sondern an ihrer Unsicherheit.« Gleichzeitig braucht das Kind jetzt die Zusicherung, dass sich an seinem Status als Kind der Familie nichts ändert. Sonst entwickelt es die Angst, nicht wirklich dazuzugehören und weggeschickt zu werden.

Kinderbücher-Auswahl zum Thema

- Wikland, Ilona: Wie Tina ihre Eltern bekam. Eine Adoptionsgeschichte, Ravensburger Buchverlag, 1993 (ab 4 Jahren)
- Kunert, Almud: Und dann kamst du und wir wurden eine Familie. Ravenburger Buchverlag, 2003 (ab 3 Jahren)
- Korschunow, Irina: Der Findefuchs. Wie der kleine Fuchs eine Mutter bekam. Dtv, 2002 (ab 6 Jahren)
- Boie, Kirsten: Paule ist ein Glücksgriff. Dtv, 2005 (ab 6 Jahren)
- Wielicki, Sabine: Der kleine Aus-dem-Nest-Faller. Kirchturm-Verlag, 2000 (ab 6 Jahren)

- Huainigg, Franz-Joseph: Du gehörst zu uns. Geschichte einer Adoption. Betz-Verlag, 2007 (ab 4 Jahren)
- Jeschke, Tanja: Mama, Papa und Zanele. Gabriel-Verlag, 2007 (ab 4 Jahren)
- Jolig, Sam: HerzMama. Gryphon-Verlag, 2007 (ab 12 Jahren)
- Doucet, Sharon Arms: Lucy rettet Mama Kroko. Oettinger Verlag, 2005 (ab 4 Jahren)
- Hildebrandt, Anette: Mit dir sind wir eine Familie. Ravensburger Buchverlag, 2008 (ab 3 Jahren)

Die Suche nach der Herkunft

Es kommt irgendwann der Zeitpunkt, an dem adoptierte Kinder wissen möchten, von wem sie abstammen. Dies ist für ihre Identitätsfindung von sehr großer Bedeutung. Hilfreich ist es dann, wenn sie von ihrer Adoptivfamilie Unterstützung bekommen.

Wer bin ich?

In der Pubertät haben junge Menschen einen enormen Entwicklungs- und Ablösungsprozess zu absolvieren, von dessen günstigem Verlauf ihr weiteres Leben maßgeblich beeinflusst wird. Sie übernehmen zum Beispiel die weibliche oder männliche Geschlechterrolle, müssen sich mit dem eigenen Äußeren arrangieren, distanzieren sich emotional von den Eltern und anderen Erwachsenen und suchen Geborgenheit in der Gruppe der Altersgenossen, bauen eine eigene moralische Messlatte auf, an der eigenes und fremdes Handeln gemessen wird, bereiten sich auf Beruf und Familie vor. Alle diese einzelnen Aspekte sollen, wenn alles gut läuft, in ein schlüssiges Selbstbild münden, in eine eigene Identität. Beim Finden dieser Identität brauchen Kinder Vorbilder, die in den meisten Fällen die Eltern sind. Und sie brauchen eine kontinuierliche eigene Biografie, die bis zu den Wurzeln reicht. Bei Adoptivkindern gibt es diese Kontinuität nicht.

Zwei Welten, eine Identität

Um ihre Identität zu finden, benötigen Adoptivkinder auch eine Vorstellung von ihren leiblichen Eltern.

Die Sicherheit der Herkunft und der Bindungen an die Familie ist bei Adoptivkindern ersetzt durch die Spaltung in eine meist ungewisse biologische Herkunft und in die Realität der sozialen Familie. Während Letzteres erfahren und eingeordnet werden kann, muss die Herkunft entweder erfragt, mühsam erforscht oder gar fantasiert werden. Adoptierte haben also das Problem, dass sie zwar versuchen können, ihren Adoptiveltern zu gleichen, und das auch tun. So übernehmen sie natürlich Wertvorstellungen, Normen und Einstellungen ganz selbstverständlich von ihnen, da sie sich als Teil dieser Familie fühlen. Aber sie wollen natürlich auch wissen, inwieweit sie den anderen, ihren leiblichen Eltern, gleichen. Das können sie nur, wenn sie sehr viele Informationen von ihnen haben. Bei Inkognito-Adoptionen gibt es diese Informationen häufig nicht oder Kinder sehen keine Möglichkeit, sich diese Informationen zu beschaffen. Sie können kein vollständiges Bild ihrer selbst entwickeln, weil wichtige Bausteine einfach fehlen.

Adoptiveltern geben häufig nur ungern Informationen über die Herkunftsfamilie heraus, weil sie fürchten, ihr Adoptivkind an die leiblichen Eltern zu verlieren. Diese Angst ist jedoch in den allermeisten Fällen unbegründet, da sich Kinder lebenslang als Teil ihrer Adoptionsfamilie fühlen und »nur« ihr Informationsbedürfnis befriedigen wollen.

Antworten statt Fantasien

Wenn Adoptivkinder das Bedürfnis haben, ihre leiblichen Eltern kennen zu lernen, so meist nur aus dem einen Grund, endlich die Fantasien durch ein reales Bild ersetzen zu können und Antworten auf drängende Fragen zu erhalten. Insbesondere die Frage nach dem Äußeren, die in der Pubertät eine möglicherweise große Rolle spielt, kann nur beantwortet werden, wenn man Eltern in Augenschein nehmen kann. Größe, Augen- und Haarfarbe, Gestalt und Körperbau, Form der Hände und vieles was der Spiegel zeigt, kann man nur von den leiblichen Eltern haben. Warum man so und nicht anders aussieht – auf diese typische Pubertätsfrage können auch die liebevollsten Adoptiveltern nicht richtig antworten.

> **Wichtig:** Nur wenn Adoptierte die Möglichkeit haben, ihre Identität aus beiden »Welten« zusammenzusetzen – die Linkshändigkeit von der leiblichen Mutter, die Liebe zur Malerei von der Adoptivmutter, das Bewegungstalent vom leiblichen Vater, Ausdauer und Teamgeist vom Adoptivvater – wird sich ein schlüssiges Bild ergeben.

Manchmal machen Adoptiveltern Bemerkungen wie »Das musst du von deinen Eltern haben« und bringen das Kind damit doppelt in Bedrängnis: Es hat etwas an sich, mit dem sich die Adoptiveltern nicht identifizieren, aber es kann nicht überprüfen, woher es kommt. Das kann ausgesprochen verwirrend sein und stimmt oftmals auch nicht. Denn auch leibliche Eltern fragen sich oft, wo ihr Kind diese oder jene Eigenheit wohl her hat. Nur haben sie nicht den »Vorteil«, alles Unangenehme auf die Herkunftseltern schieben zu können. Auch Adoptiveltern sollten es sich in dieser Hinsicht nicht zu einfach machen, denn die biologischen Anlagen bestimmen nur zu einem geringen Teil unsere Persönlichkeit.

In manchen Fällen passiert es, dass Kinder unter dem Eindruck, so (schlecht) wie die leiblichen Eltern zu sein, tatsächlich wünschen, wie diese zu werden. Auch dies ist eine Möglichkeit der Identitätsfindung, allerdings nicht die, die sich Adoptiveltern für ihr Kind wünschen sollten.

Wer sind meine Eltern?

»Warum haben mich meine Eltern weggegeben?« Diese Frage begleitet die meisten Adoptivkinder ein Leben lang.

Viele adoptierte Kinder haben Selbstwertprobleme, das liest und hört man immer wieder in Berichten. Selbst wenn die Adoptiveltern alles oder vieles richtig gemacht haben, nagen zwei existenzielle Fragen an jedem Adoptivkind: Warum haben mich meine Eltern weggegeben, war ich es vielleicht nicht wert, bei ihnen aufzuwachsen? Und: Wenn mich die Adoptiveltern geholt haben – ich also gar nicht ihr richtiges Kind bin –, können sie mich dann auch wieder wegbringen?

Definitive Antworten und letzte Sicherheiten gibt es dabei nicht. Und so kann sich das Gefühl verfestigen, weder dort noch hier wirklich zu Hause zu sein, keine richtigen Eltern zu haben und eigentlich niemandes Kind zu sein. Warum musste ich fortgehen? Lag das vielleicht an mir? Bin ich nicht richtig? Was stimmt bloß mit mir nicht? – Diese Fragen drängen sich auf und können nicht beantwortet werden.

> **Wichtig:** Anders als bei Waisenkindern, die ihre Eltern »schuldlos« und endgültig verloren haben, nagt an Adoptivkindern die Tatsache, dass die Eltern, nachdem sie sich ihrer entledigt haben, weiterleben, ein eigenes Leben führen, vielleicht sogar weitere Kinder haben.

Kinder aus anderen Kulturen

Adoptivkinder aus anderen Kulturen haben es besonders schwer, ihre Wurzeln und damit ihre Identität zu finden. Damit sie überhaupt eine Chance bekommen, müssen sich zunächst die Adoptiveltern mit der Kultur des Heimatlandes ihres Kindes identifizieren. Denn eine bewusst positive Einstellung zum Land, seinen Menschen und auch zur Herkunftsfamilie sorgt dafür, dass das Kind seiner Abstammung nicht ablehnend gegenübersteht.
Um das zu erreichen, sollten Kinder mit anderen Kindern ihres Kulturkreises zusammenkommen dürfen, viel über ihr Land, seine Geschichte und wichtige Persönlichkeiten erfahren. Oft ist es nicht möglich, mehr über die Herkunftseltern zu erfahren oder sie gar kennen zu lernen. Deshalb muss man Kindern auf anderen Wegen so viel Gewissheit wie möglich über ihre Wurzeln geben.
Eltern nehmen mit der Zeit die Andersartigkeit ihres Kindes gar nicht mehr wahr und möchten gern zur Tagesordnung übergehen. Aber: Das Umfeld sieht immer, dass das Kind anders ist. Es gibt immer Mitschüler, Lehrer, Nachbarn und fremde Menschen, die das Kind mit dummen Bemerkungen als andersartig brandmarken oder gar bewusst diskriminieren.
Dagegen können Adoptiveltern nicht wirklich etwas tun. Sie können allerdings das Selbstwertgefühl des Kindes stärken. Dazu

gehört, die Andersartigkeit offen als Tatsache zu benennen und zuzugeben, dass das Kind mit anderen Schwierigkeiten rechnen muss als deutsche Kinder. Zu sagen: »Wir lieben dich, so wie du bist«, reicht nicht.

Das Kind muss darauf vorbereitet sein, dass es Menschen gibt, die feindselig reagieren. Man kann darüber sprechen, warum das so ist, und dass man sich dafür schämt. Man kann dem Kind versichern, für seine Sorgen offen zu sein. Schützen indes kann man es nicht.

Angelas Geschichte

Angela, geboren 1974, berichtet über die Suche nach ihren leiblichen Eltern:

»Nach meiner Geburt wurde ich sofort zur Adoption freigegeben, die in der damals üblichen Form als Inkognito-Adoption abgewickelt wurde. Nach einem fünfwöchigen Aufenthalt im Kinderheim wurde ich von meinen Adoptiveltern dort abgeholt. Ich wuchs wohl behütet in einem kleinen Dorf in Westdeutschland auf mit noch zwei jüngeren Brüdern. Einer wurde einige Jahre nach mir adoptiert, der andere kam ganz unverhofft als leibliches Kind meiner Adoptiveltern kurz nach der zweiten Adoption hinterher.

Ich kann rückblickend sagen, dass ich wohl eine ganz normale und glückliche Kindheit verlebt habe. Mit vier Jahren, bevor ich in den Kindergarten kam, klärten mich meine Adoptiveltern darüber auf, dass ich von ihnen angenommen worden bin. An dieser Entscheidung war sicher das dörfliche Umfeld beteiligt und die Tatsache, dass hier jeder über mich Bescheid wusste. Ich wurde für den Kindergartenalltag mit entsprechenden Sprüchen gewappnet, falls andere Kinder sagen, dass meine Eltern gar nicht meine Eltern sind. Das habe ich damals im Einzelnen nicht rich-

tig verstanden, bin aber in dem Wissen darum groß geworden. Meine Adoptiveltern waren immer darum bemüht, uns die wenigen Informationen, die sie über unsere Herkunftseltern hatten, altersentsprechend mitzugeben. So war zum Beispiel eines der wichtigsten Ereignisse in diesem Zusammenhang eine Reise nach Berlin, als ich etwa zehn Jahre alt war. Dort haben sie mit uns die Kinderheime besucht, aus denen sie uns seinerzeit abgeholt hatten.

Dies war für lange Zeit der einzige Verknüpfungspunkt zu meinem »früheren Leben«, an den ich mich halten konnte. Realisiert, was hinter dem Wort Adoption bzw. Adoptiert-Sein steht und was es für mein Leben bedeutet, habe ich sicherlich erst mit Beginn der Pubertät, mit 12 bis 13 Jahren. In dieser Lebensphase wurde die Frage nach der anderen, der leiblichen Mutter so richtig relevant, und der Wunsch wuchs, sie zu suchen, zu finden und kennen zu lernen. Ich fing auch an, mich von meiner Umwelt zu differenzieren und zu registrieren, wie Menschen außerhalb der eigenen Familie zu mir als Adoptivkind stehen und wie sie reagieren. Und ich glaube, dass ich immer schon irgendwie unter einer speziellen Beobachtung gestanden bin, wie ich mich verhalte und entwickle. Vor kurzem wurde ich bei einem Besuch zu Hause von Nachbarn ganz unverhohlen angesprochen, ob ich eins von den »echten« oder »falschen« Kindern der Familie bin. Da fallen einem natürlich viele Episoden wieder ein, wo man auch als Kind gemerkt hat, dass man etwas anders behandelt wurde.

Als ich 18 war, bin ich ganz spontan und ohne Plan ein paar Tage nach Berlin gefahren, um auf eigene Faust nachzuforschen. Da ich aber viel zu verworren war, um die Dinge in die richtige Bahn zu lenken, ist dabei nichts herausgekommen als noch mehr diffuse Angst und Schuldgefühle, etwas Schlimmes und Verbotenes zu tun. Danach gab es dann immer etwas Wichtigeres zu tun – Abitur machen, Ausbildung abschließen, von zu Hause ausziehen, Studium usw. Ich habe die Idee »Muttersuche« zwar

Spätestens mit Erlangen der Volljährigkeit haben Adoptierte das Recht, bei der Suche nach ihren leiblichen Eltern von offizieller Seite unterstützt zu werden.

immer im Hinterkopf mit mir herumgetragen, sie aber immer wieder auf einen späteren Zeitpunkt verschoben. Irgendwann mal eben! Wenn ich jetzt an diese Zeit zurückdenke, hatte ich damals die meisten Probleme mit meinem Status. Mein früher und total überstürzter Wegzug aus meinem Heimatdorf war sicher nur ein Zeichen dafür, dass ich mich total unwohl gefühlt habe und große Probleme mit meiner Identitätsfindung hatte. In meiner Familie wurde schon lange nicht mehr über die Adoption gesprochen.

Irgendwann hatten meine Adoptiveltern uns alle verfügbaren Informationen mitgeteilt und sahen wohl keinen dringenden Anlass zur Diskussion mehr. Am Tag meines Auszuges überreichte mir meine Adoptivmutter meine gesamten Adoptionspapiere und bei mir saß das Gefühl fest: »Kind erwachsen – Auftrag erledigt!«

Oft wird die Frage nach den eigenen Wurzeln verdrängt.

Danach habe ich das Thema verdrängt, obwohl ich unter starkem innerem Druck stand. Ich fand aber keine Kanäle, um mich mitzuteilen. Daher habe ich bewusst große und weite Reisen unternommen, Flucht-Reisen sozusagen, um mich nicht dem inneren Tumult stellen zu müssen. Doch je weiter ich weg war, desto schlimmer wurde meine ganze gefühlsmäßige Situation, weil ich vor mir selbst und meinen Gedanken natürlich nicht weglaufen konnte. Eine totale Sackgasse eben! Vor zwei Jahren ging es mir emotional so schlecht, dass eine Freundin doch mal den Finger auf die Wunde gelegt hat und mir riet, nach meinen leiblichen Eltern zu suchen, weil ich dann im Leben vielleicht auch wieder vorwärts käme. Es hat mich zuerst sehr erschreckt, quasi so ans Licht gezerrt zu werden, nach all den mehr oder weniger angenehmen Jahren im diffusen Dämmerlicht. Aber genau diesen Tritt von außen habe ich wohl gebraucht, um mich aufzuraffen und die Sache systematisch anzugehen.

Zunächst schloss ich mich einer Selbsthilfegruppe für erwachsene Adoptierte an. Allein die Offenbarung, dass es so etwas überhaupt gibt, hat mich förmlich elektrisiert. Denn all die

Jahre habe ich mich allein gelassen und überfordert gefühlt und habe nicht verstanden, warum ich Probleme habe, die anderen (Nichtadoptierten) fremd sind. Dadurch habe ich auch den nötigen Mut gefunden, ernsthaft die Suche nach meiner Herkunftsfamilie zu forcieren. Anfangs habe ich meinen Adoptiveltern die Suche verheimlicht. Aber ich bekam ihnen gegenüber ein sehr schlechtes Gewissen, sodass ich es ihnen schließlich sagte. Wir waren zu Anfang alle ziemlich verunsichert, was diese Situation für die Familie bedeutet. Irgendwie hatten meine Eltern wohl Angst, dass meine leiblichen Eltern nun nahtlos ihre Position einnehmen würden, wenn ich sie finde. Aber ich konnte sie beruhigen, dass die Aktion mit 18 sicherlich viel dramatischer verlaufen wäre als zu diesem Zeitpunkt. Wir haben etliche Diskussionen geführt und gemerkt, wie viele Dinge sich aufgestaut hatten, weil einfach keine Kommunikation stattgefunden hatte. Ich habe meine Adoptiveltern dann immer wissen lassen, wie der Stand der Dinge ist. Es ist schwierig, einen für alle Beteiligten akzeptablen Konsens zu finden, was auf Grund der unterschiedlichen Blickwinkel in diesem Adoptionsdreieck wohl auch kein Wunder ist. Immerhin hat die Offenheit unserem Familienleben nicht geschadet, sondern im Gegenteil zu interessanten Gesprächen geführt, die es früher so nicht gegeben hatte. Insgesamt hat meine Suche sechs Monate gedauert. Sie führte mich unter anderem zum Jugendamt in Berlin, in dem ich meine Akte einsehen und Fotos von meinen Eltern mitnehmen konnte. Das war der wichtigste, aber auch schwierigste Meilenstein, denn endlich hatte ich Gesichter zu den Namen, und meine leiblichen Eltern mussten nun endgültig aus dem Reich der gesichtslosen Schatten auftauchen und real werden. Ich hatte die Telefonnummer meiner Großmutter bekommen und rief sie nach vielen, vielen Anläufen schließlich an. Von ihr bekam ich die Telefonnummer meiner Eltern, die vier Jahre nach meiner Weggabe geheiratet hatten. Nach einem ganz kurzen Telefonat mit meiner Mutter fuhr ich zwei Tage später nach Süddeutschland. In den zwei Ta-

gen, die ich mit meinen leiblichen Eltern verbrachte, haben sich viele Fragen beantwortet, die ich Zeit meines Lebens hatte, und natürlich auch eine Menge neuer aufgeworfen. Obwohl sie mir als Erklärung für meine Weggabe nur eine vorgefertigte Version lieferten, die sie seit Jahren parat hatten, habe ich doch meine Wurzeln gefunden, nach denen ich so lange gesucht habe. Ich habe noch jede Menge anderer Verwandter, von denen ich zum Teil vieles über unsere Familiengeschichte erfahren habe.

Heute sieht die Situation so aus, dass es nach dem einen Treffen vor etwa anderthalb Jahren bisher nur einen Austausch von Karten zu den verschiedenen Anlässen gibt. Dennoch werde ich sicher in irgendeiner Form immer den Kontakt zu meinen leiblichen Eltern und Verwandten halten. Meine Adoptiveltern sind erleichtert, dass der Kontakt nicht allzu eng ist. Auf dieser Basis können sie gut damit leben.

Ich habe mich inzwischen in der Selbsthilfegruppe sehr engagiert und umfassend mit dem Thema Adoption auseinandergesetzt. Ich würde es immer wieder so machen, denn das Wissen um meine Geschichte hat mir mehr Sicherheit in meinem Leben gegeben. Wahrscheinlich wird mich der Prozess mein ganzes Leben lang begleiten, und es wird bestimmt auch Phasen geben, in denen ich einfach nur wütend bin.«

Hinweise zu Gesetzestexten

Hier erhalten Sie Hinweise zu Gesetzestexten und es werden einige interessante Urteile vorgestellt. Für weiterführende Informationen zum Thema Adoption finden Sie zudem hilfreiche Adressen, an die Sie sich wenden können.

Hinweise zu Gesetzestexten

Wer sich ausführlich über die geltenden Gesetze zum Adoptionsrecht informieren möchte, sollte sich die aktuelle Ausgabe des Bürgerlichen Gesetzbuches besorgen und dort die Paragrafen 1741 ff. unter der Überschrift »Annahme als Kind« (der Begriff Adoption wird im Gesetz ganz vermieden) lesen. Veröffentlicht ist die Neufassung des BGB im Bundesgesetzblatt (BGBl. I S. 1188 mit Wirkung vom 12.07.2008).
Ebenfalls von Interesse kann das Adoptionsvermittlungsgesetz sein, das vor allem die Aufgaben der Adoptionsvermittlungsstelle bei In- und Auslandsadoptionen festlegt. Nachzulesen ist es unter dem Titel »Gesetz über die Vermittlung der Annahme als Kind und über das Verbot der Vermittlung von Ersatzmüttern (Adoptionsvermittlungsgesetz – AdVermiG)« auf den Seiten des Bundesministeriums der Justiz unter www.bundesrecht.juris.de/advermig_1976/index.html.
Schließlich spielt für Auslandsadoptionen die Umsetzung internationalen Rechts, das im Haager Übereinkommen von 1993 festgeschrieben wurde, eine wichtige Rolle. Dieses »Gesetz zur Ausführung des Haager Übereinkommens vom 29. Mai 1993 über den Schutz von Kindern und die Zusammenarbeit auf dem Gebiet der internationalen Adoption (Adoptionsübereinkommens-Ausführungsgesetz – AdÜbAG)«, das im Jahr 2002 ratifiziert wurde, kann ebenfalls beim Bundesministerium der Justiz unter www.bundesrecht.juris.de/ad_bag/BJNR295010001.html nachgelesen werden.

Interessante Urteile

§ Das Bundesverfassungsgericht hat in seiner Entscheidung vom 29.11.2005 die Rechte der leiblichen Väter gestärkt, wenn es um die Adoption ihres Kindes durch den Mann der Kindsmutter geht. Grundsätzlich ist zur Adoption eines Kindes die Einwilligung beider Elternteile nötig. In besonderen Ausnahmefällen ermöglicht das Gesetz auch die Adoption gegen den Willen eines Elternteils. Für nicht eheliche Väter kann die fehlende Einwilligung nach § 1748 Abs. 4 BGB bereits dann ersetzt werden, wenn das Unterbleiben der Adoption für das Kind zu einem unverhältnismäßige Nachteil führen würde. Hier setzt das Urteil an: Zwar lässt es diese Regelung als verfassungsgemäß durchgehen, verlangt aber von den Richtern, dass sie hier genauer hinschauen als bisher. Es reicht nicht aus, wenn die Kindsmutter vorträgt und beweisen kann, dass der Vater seit Jahren keinen Umgang mit seinem Kind hat. Es muss auch ermittelt werden, warum kein Umgang stattfand, ob dies auf die Verweigerung der Mutter zurückzuführen ist und ob früher ein Umgangsrecht gelebt wurde (Az.: 1 BvR 1444/01).

§ Ein adoptiertes Kind hat Anspruch auf Einsicht in die Personenstandsbücher und Erteilung der Geburtsurkunde seiner Vorfahren. Ein volljähriger Mann hat per Einsicht in seinen Geburtseintrag festgestellt, wer seine leiblichen Eltern sind. Daraufhin beantragte er Einsicht in die Akten und Geburtsurkunden seiner Vorfahren. Das Standesamt gewährte ihm allerdings lediglich die Erteilung einer Geburtsurkunde seines Vaters, nicht aber Zugang zu den Personenstandsbüchern der weiteren Ahnen. Im Ergebnis wurde entschieden: Der junge Mann hat ein berechtigtes Interesse an den Akten und Urkunden; die Kenntnis der eigenen Abstammung darf ihm nicht verwehrt werden. (OLG München, Az.: 31 Wx 1/05)

§ Ein Ehemann beabsichtigte, die nicht eheliche Tochter seiner Ehefrau zu adoptieren. Problem: Das Kind wusste nicht, dass der Mann nicht sein leiblicher Vater ist. Sowohl Jugendamt als auch die Mutter fürchteten psychische Störungen, wenn es durch Anhörung vor Gericht davon erfahren würde. Dennoch darf ein

Adoptionsantrag nicht bereits deshalb abgelehnt werden, weil das Jugendamt der Auffassung ist, sich ohne persönliche Anhörung des Kindes in der Sache nicht abschließend äußern zu können, entschied das Bayerische Oberlandesgericht mit Beschluss vom 4. August 2000. Eine Stellungnahme des Jugendamts sei in Ausnahmefällen auch ohne persönliche Anhörung des Kindes möglich, etwa durch Befragen der Mutter und sonstiger Bezugspersonen (Az.: 1 Z BR 103/00).

§ Eine Ehefrau wollte ein fremdes Kind adoptieren. Ihr Ehemann, von dem sie seit Jahren getrennt lebte, stimmte der Adoption zu. Gleichwohl wies das Oberlandesgericht Hamm mit Beschluss vom 26. Januar 1999 den Adoptionsantrag zurück. Das Gesetz besagt, dass ein Ehepaar ein Kind nur gemeinschaftlich annehmen kann. Eine gemeinschaftliche Annahme kann jedoch nicht vorliegen, wenn die Ehegatten bereits längere Zeit getrennt leben. Daran ändere auch die Zustimmung des getrennt lebenden Ehegatten nichts (Az.: 15 W 464/98).

§ Ansprüche aus den bisherigen Verwandtschaftsverhältnissen des Kindes für die zurückliegende Zeit, auch solche auf rückständigen Unterhalt, bleiben nach der Adoption bestehen. Damit muss der Vater seine Unterhaltsschulden trotz Adoption begleichen, entschied der Bundesgerichtshof mit Urteil vom 8. Juli 1981 (Az.: IVb ZR 597/80).

§ Wenn eine Deutsche, die mit einem türkischen Staatsangehörigen verheiratet ist, ein türkisches Kind adoptieren will, ist deutsches Adoptionsrecht anzuwenden, entschied das Landgericht Hamburg mit Urteil vom 1. Dezember 1997 (Az.: 301 T 397/97).

Hilfreiche Adressen

Zentrale Adoptionsstellen
Bundesarbeitsgemeinschaft der Landesjugendämter (BAGLJÄ)
Federführende Stelle. ZBFS – Bayerisches Landesjugendamt (BLJA)
Winzererstr. 9
80797 München
Tel.: 0 89/12 61-04 (Vermittlung)
Fax: 0 89/12 61-2280
www.bagljae.de

Baden-Württemberg:
Landeswohlfahrtsverband Württemberg-Hohenzollern, Zentrale Adoptionsstelle
Lindenspürstr. 39
70176 Stuttgart
Tel.: 07 11/63 75-0
Fax: 07 11/63 75-449
E-Mail: ZAS@lwv-wh.de
www.kvjs.de/jugendhilfe/zas.html

Bayern:
Bayerisches Landesjugendamt,
Zentrale Adoptionsstelle
Winzererstr. 9
80797 München
Tel.: 0 89/12 61-22 90
Fax: 0 89/12 61-22 80
E-Mail: poststelle@blja.bayern.de
www.blja.bayern.de/Aufgaben/Adoption/Adoption.Startseite.html

Berlin und Brandenburg:
Zentrale Adoptionsstelle der Länder Berlin und Brandenburg im Landesjugendamt des Landes Brandenburg
Hans-Wittwer-Str. 6
16321 Bernau
Tel.: 0 33 38/701-828
Fax: 0 33 38/701-863
E-Mail: Gabriele.adamczewski@lja.brandenburg.de
www.lja.brandenburg.de

Bremen, Hamburg, Niedersachsen und Schleswig-Holstein:
Gemeinsame Zentrale Adoptionsstelle der Länder Freie Hansestadt Bremen, Freie und Hansestadt Hamburg, Niedersachsen und Schleswig-Holstein (GZA) – bei der Behörde für Soziales, Familie, Gesundheit und Verbraucherschutz der Freien und Hansestadt Hamburg
Südring 32
22303 Hamburg
Tel.: 0 40/4 28 63-50 06
Fax: 0 40/4 28 63-51 88
E-Mail: GZA@bsf.hamburg.de
www.gza.hamburg.de

Mecklenburg-Vorpommern:
Landesjugendamt Mecklenburg-Vorpommern, Zentrale Adoptionsstelle
Neustrelitzer Str. 120, Block D
17033 Neubrandenburg
Tel.: 03 95/3 80-33 20
Fax: 03 95/3 80-33 02
E-Mail: poststelle@lja.mv-regierung.de
www.landesjugendamt-mv.de

Nordrhein-Westfalen:
Landschaftsverband Westfalen-Lippe, Landesjugendamt, Zentrale Adoptionsstelle
Warendorfer Str. 25
48133 Münster
Tel.: 02 51/5 91-45 85
Fax: 02 51/5 91-68 98
E-Mail: reimund.wiedau@lwl.org
www.lvr.de

Landschaftsverband Rheinland, Landesjugendamt, Zentrale Adoptionsstelle
Hermann-Pünder-Str. 1
50663 Köln
Tel.: 02 21/8 09-0
Fax: 02 21/8 09-62 52
E-Mail: anke.muetzenich@lvr.de
www.lvr.de

Rheinland-Pfalz und Hessen:
Landesamt für Soziales, Jugend und Versorgung
Rheinland-Pfalz, Landesjugendamt, Gemeinsame
Zentrale Adoptionsstelle Rheinland-Pfalz und
Hessen
Rheinallee 97–101
55118 Mainz
Tel.: 06131/967-286
Fax: 06131/967-320
E-Mail: gza@lsjv.rlp.de
www.lsjv.de/kinder_jugend_und_familie/gemeinsame_zentrale_adoptionsstelle/index.html

Saarland:
Landesamt für Soziales, Gesundheit und
Verbraucherschutz (LSGV), Landesjugendamt,
Zentrale Adoptionsstelle
Malstatter Markt 11
66115 Saarbrücken
Tel.: 0681/9978-325
Fax: 0681/9978-340
E-Mail: Landesjugendamt@ljsv.saarland.de
www.lsgv.saarland.de

Sachsen:
Sächsisches Landesamt für Familie und Soziales
Abt. IV, Landesjugendamt, Zentrale Adoptionsstelle
Reichsstr. 3
09112 Chemnitz
Tel.: 0371/577-328
Fax: 0371/577-1328
E-Mail: Zentrale.Adoptionsstelle@slfs.sms.sachsen.de
www.slfs.sachsen.de/lja/

Sachsen-Anhalt:
Landesverwaltungsamt, Landesjugendamt, Zentrale Adoptionsstelle
Ernst-Kamieth-Str. 2
06112 Halle
Tel.: 0345/514-0
Fax: 0345/514-444
E-Mail: zas@lvwa.sachsen-anhalt.de
www.sachsen-anhalt.de/LPSA/index.php?id=13994

Thüringen:
Thüringer Ministerium für Soziales, Familie
und Gesundheit, Referat 35 – Landesjugendamt
– Zentrale Adoptionsstelle
Werner-Seelenbinder-Str. 6
99096 Erfurt
Tel.: 0361/3798-360
Fax: 0361/3798-830
E-Mail: LJAPoststelle@asfmgn.thueringen.de
www.thueringen.de/de/tmsfg/familie/landesjugendamt/

Auslandsadoption
Bundeszentralstelle für Auslandsadoption
(BZAA)
Adenauerallee 99–103
53113 Bonn
Tel.: 0228/99410-5414, 5415
Fax: 0228/99410-5402
E-Mail: auslandsadoption@bjf.bund.de
www.bundesjustizamt.de

Internationaler Sozialdienst
Deutscher Verein für öffentliche und private
Fürsorge e. V.
Michaelkirchstraße 17/18
10179 Berlin-Mitte
Tel.: 030/62980-403
Fax: 030/62980-450
E-Mail: isd@issger.de
www.iss-ger.de

Familie International Frankfurt e. V.
Deutscher Korrespondent des International
Social Service (ISS)
Monisstr. 4
60320 Frankfurt am Main
Tel.: 069/95636431
Fax: 069/95636433
E-Mail: kontakt@fif-ev.de
www.fif-ev.de
(Länder: u. a. Hongkong, Philippinen, Rumänien, Slowakei, Slowenien, Südafrika, Thailand, Tschechien, Türkei)

Hilfreiche Adressen

AdA München (für die Postleitzahlen 0, 1, 7, 8 und 9)
Asesoría de Adopciones – Adoptionsberatung e. V.
Kapuzinerstr. 25 A
80337 München
Tel.: 089/26 94 97 61
Fax: 089/26 94 97 59
E-Mail: muenchen@ada-adoption.de
www.ada-adoption.de

AdA Eschborn (für die Postleitzahlen 2, 3, 4, 5 und 6)
Asesoría de Adopciones – Adoptionsberatung e. V.
Berliner Str. 31–35
65760 Eschborn
Tel.: 06196/77 69 30
Fax: 06196/77 69 31
E-Mail: eschborn@ada-adoption.de
www.ada-adoption.de
(Länder: Kolumbien, Brasilien, Chile, Tschechien, Vietnam)

Children and Parents e. V.
Alt-Haarener Str. 147
52080 Aachen
Tel.: 0241/1 69 14 39
Fax: 0241/1 69 10 31
E-Mail: cap-msc@onlinehome.de
www.children-and-parents.de
(Länder: Bulgarien, Ukraine)

Eltern für Kinder e. V.
Fritschestr. 60
10627 Berlin
Tel.: 030/46 50 75 71
Fax: 030/4 61 45 20
E-Mail: info@efk-adoption.de
www.eltern-fuer-kinder-ev.de
(Länder: Haiti, Mongolei, Peru, Sri Lanka und Thailand)

Eltern-Kind-Brücke e. V.
Bonhoefferstr. 17/5. OG
69123 Heidelberg
Tel.: 06221/33 942-0
Fax: 06221/83 31 38
E-Mail: info@ekb-pcb.de
www.eltern-kind-bruecke.de
(Länder: Bulgarien, Polen, Rumänien, Russische Föderation, Tschechien, Lettland, Thailand, Nepal, Taiwan)

Evangelischer Verein für Adoptions- und Pflegekindvermittlung Rheinland e. V.
Einbrunger Str. 66
40489 Düsseldorf
Tel.: 0211/4 08 79 50
Fax: 0211/40 87 95 26
E-Mail: evap@ekir.de
http://adoption.ekir.de/adoption07/
(Länder: Äthiopien, Südafrika)

International Childs Care Organisation (ICCO e. V.)
Postfach 302767
20309 Hamburg
Tel.: 040/4 60 07 60
Fax: 040/46 00 76 66
E-Mail: hamburg@icco.de
www.icco.de
(Länder: Haiti, Nepal, Südafrika, Vietman)

Sozialdienst katholischer Frauen
– Zentrale e. V. –
Adoptions- und Pflegekinderdienst
Agnes-Neuhaus-Str. 5
44135 Dortmund
Tel.: 0231/55 70 26-0
Fax: 0231/55 70 26 60
E-Mail: info@skf-zentrale.de
www.skf-zentrale.de/html/buh_adoption.html
(Länder: Bolivien, Costa Rica, Litauen)

Zukunft für Kinder e. V.
Benzstr. 6
68794 Oberhausen-Rheinhausen
Tel.: 0 72 54/77 68-0
Fax: 0 72 54/77 68-15
E-Mail: info@zukunftfuerkinder.de
www.zukunftfuerkinder.de
(Länder: Bulgarien, Kolumbien, Moldawien, Kasachstan, Ukraine, Russische Föderation)

Zentrum für Adoptionen e. V.
Sophienstr. 12
76530 Baden-Baden
Tel.: 0 72 21/94 92 06
Fax: 0 72 21/94 92 08
E-Mail: zentadopt@zentadopt.de
www.zentadopt.de
(Länder: Russische Förderation, Kasachstan)

Gleichgeschlechtliche Paare
Familien- und Sozialverein des Lesben- und Schwulenverband in Deutschland e. V.
Pipinstr. 7
50667 Köln
Tel.: 02 21/92 59 61-0
Fax: 02 21/92 59 61-11
E-Mail: lsvd@lsvd.de
www.lsvd.de

Selbsthilfe
PfAD – Bundesverband der Pflege- und Adoptivfamilien e. V.
Geschäftsstelle
Geisenbergstr. 16
10777 Berlin
Tel.: 0 30/94 87-94 23
Fax: 0 30/94 87-93 86
E-Mail: info@pfad-bv.de
www.pfad-bv.de

Bundesverband für Eltern ausländischer Adoptivkinder e. V.
Angelgärten 11
79206 Breisach
E-Mail: bveaa@t-online.de
www.bveaa.de

Stiftung ev. Jugendhilfe St. Johannis Bernburg
Dr.-John-Rittmeister Str. 6
06406 Bernburg
Tel.: 0 34 71/3 74 00
Fax: 0 34 71/37 40 90
E-Mail: info-bbg@stejh.de
www.stejh.de

Stieffamilien
Bundesarbeitsgemeinschaft Selbsthilfegruppen Stieffamilien
Bahnhofstrasse 59
63179 Obertshausen
Tel.: 0 61 04/40 79 70
Fax: 0 61 04/40 79 71
E-Mail: info@stieffamilien.de
www.stieffamilien.de